こねない本格パ

おう
お店みたいな
かんたんに パンが
作れる本

総菜パン、甘いパンからハードパンまで

88

レシピ

完全感覚ベイカー　著

お店でパンを選ぶように
毎日パンを焼いてほしい！

『おうちでお店みたいな パンがかんたんに作れる本』は ここがすごい！

ざっくり、ズボラでOK！

こねない から大変じゃない

パン作りで大変な生地作りが混ぜるだけでOK。こねる力も必要なし。
こね上がりの見極めも必要なしで、とってもかんたん！

失敗知らず！

3種類の生地で 88レシピ

たった3種類の生地から88種類のパン屋さんみ
たいなパンが作れる！成形も写真解説とわかり
やすい動画つきで、だれでも失敗なくできます！

お店みたい！
かんたんなのに 本格派

こねないパン生地の作り方はオーバーナイト法という
パン屋さんでも使われる製法。かんたんなのにあの
パンもこのパンも、パン屋さんみたいな仕上がり！

好きなときに焼ける！
生地の 作り置きOK！

冷蔵庫で寝かすことで発酵させる生地
はそのまま2日間保存OK。なので、焼
きたいときに好きなパンが焼けます！

この本のパン作りの
5
Steps

> 生地の作り方は
> 全てのパン共通！
> P4〜をチェック

STEP 1 生地を作る

この本には3つの生地の種類が登場
しますが、作り方はすべて同じ（P4）。
前日に材料を混ぜ合わせておくだけ
でこねる必要はありません。手を動
かす時間は5分くらい！

⌄

═══ 1次発酵 ═══

冷蔵庫に8〜48時間入れて寝かせ
るだけ！

⌄

STEP 2 分割する

> ここからはそれぞれの
> レシピページを見てね

冷蔵庫から出した生地を復温（室温に
戻すこと）し、作りたいレシピを参照し
て分割します。生地に混ぜ込みがある
場合はこのときに行ってくださいね。

⌄

STEP 3 成形する

> 動画つき！

ベンチタイム（生地を休ませる時間）を
置いたら、成形に進みます。成形の
仕方は各レシピに写真つきでわかり
やすく紹介されているほか、動画で
も確認できるので初心者も安心！

⌄

STEP 4 最終発酵する

成形が終わったら、最終発酵です。発
酵の状態はレシピにあるそれぞれの
写真を参考にしてください。発酵が終
わったらオーブンの予熱をスタート！

⌄

STEP 5 焼成する

レシピの焼成温度と時間を見てパン
を焼き上げます。焼き上がったらオー
ブンから出して粗熱を取りましょう。

生地の材料と作り方

生地は章ごとに異なる3種類。作り方は共通です
（デニッシュ生地は、ふんわり生地にバターを折り込みます。
折り込みの仕方はP98参照）。
ここでは、PART 1のふんわり生地の材料で作り方を説明します。

· MOVIE ·

ふんわり
生地

食パンや菓子パンを
作るときに合うふんわり
やわらかな食感の生地です。
バターを折り込む（P98）と、
デニッシュ生地になります。

【 基本材料 】

粉類★	強力粉	150g
	薄力粉	50g
	砂糖	16g
	スキムミルク	16g
	塩	4g
	ドライイースト	1g
☆	水	130g
	溶かしバター（食塩不使用）	20g

もっちり
生地

ベーグルや総菜パンを
作るときに合う
もっちりとした食感の
生地です。

【 基本材料 】

粉類★	強力粉	180g
	薄力粉	20g
	砂糖	8g
	スキムミルク	8g
	塩	4g
	ドライイースト	1g
☆	水	120g
	溶かしバター（食塩不使用）	10g

ハード
生地

フランスパンなど、
硬い食感の生地です。
この本では準強力粉は使わず、
強力粉と薄力粉を
混ぜて作ります。

【 基本材料 】

粉類★	強力粉	140g
	薄力粉	60g
	塩	4g
	砂糖	4g
	ドライイースト	1g
☆	水	140g

Check!
★ 粉類に混ぜる材料が追加されることがある
☆ 水の量はレシピによって変わることがある
ので、レシピページを絶対にチェックしてください！

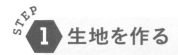

① 生地を作る

計量したら、
さっそく生地作りを
スタート！

1 材料を計量し、バターを溶かす。

まず、P4の材料を計量する（粉類に加えるものがある場合や水分量が違う場合があるので、レシピページも必ず確認！）。バターは湯煎かラップをして電子レンジ（600W）で40秒加熱し、溶かしバターにしておく。

2 イーストをぬるま湯で溶かす。

水は40℃くらいに温める。電子レンジ（600W）なら30〜40秒が目安。イーストを加えてスプーンで混ぜて溶かし、5分ほど置く。

3 粉類を混ぜ合わせる。

計量した粉類をボウルに入れてゴムベラで混ぜ合わせる。

粉類に加える
材料がある場合
ここで一緒に混ぜる

4 **3**の粉類に**2**のイーストと
バターを加えて混ぜる。

ゴムベラで全体を混ぜる。

ハード　ハード生地の場合は、バターはなし。

5 粉っぽさが
なくなったら
休ませる。

粉っぽさがなくなるまで混ぜた
ら、ラップをかけ、室温に20
分ほど置く。

6 生地を
20〜30回たたむ。

生地の下にゴムベラを差し込み、折りたたむ。生地全体が折りた
ためるように、ボウルを回転させながら同じことを20〜30回繰
り返す。ゴムベラでたたむのが大変な場合は、手を使ってもOK。

7

冷蔵庫（野菜室など、4℃以上の
場所）で8〜48時間休ませる。

ボウルにラップをかけて冷蔵庫に8〜48時間置き、発
酵させる（3℃以下だと発酵が進まないので注意）。およ
そ1.5〜2倍にふくらむのが目安。

ふんわり

ハード

もっちり

休ませる前

休ませたあと

8

生地を使う前には
復温させる。

オーブンの発酵機能(40℃)を使い、生地を
復温(生地の温度を室温に戻す)させてから、
分割に進む。触ったときに冷たくなく、通常
の生地を触った感じに戻っていればOK。

ふんわり

ハード

復温させたあと

もっちり

復温させたあと

▶▶▶ それぞれのレシピページの STEP 2 分割 & ベンチタイム に進む

パン作りの
基本動作

成形の前に共通して行う基本的な動作です。

● 分割の仕方

生地の分割の仕方です。分割の数は、
各レシピの「STEP2 分割&ベンチタイム」に
書いてあります。

分割はスケールで量って、
等分にする。

まず生地全量の重さを量り、分割したい数で割って
1個当たりの重さをだします。そして、右の方法で生
地を分割したら1個あたりの重さになるように、生
地をスケールで量って、足したり減らしたりしながら
同じ重さに調整しましょう。同じ重さにすることで、
仕上がりが均一になります。

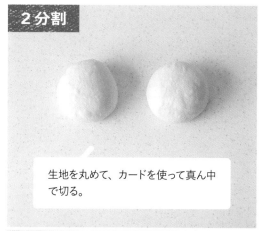

2分割

生地を丸めて、カードを使って真ん中
で切る。

3分割

生地を丸めて、カードを使って、Y字
に切り分ける。切り分ける前にカード
で薄く線をつけておくと等分に分けや
すい。

4分割

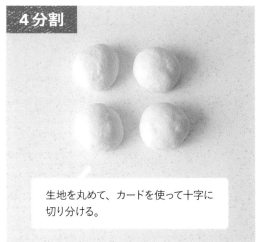

生地を丸めて、カードを使って十字に切り分ける。

5分割

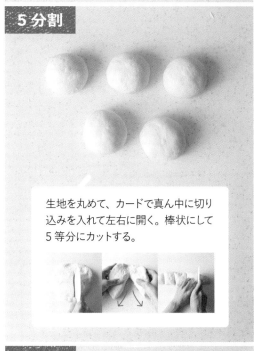

生地を丸めて、カードで真ん中に切り込みを入れて左右に開く。棒状にして5等分にカットする。

6分割

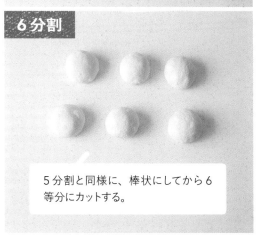

5分割と同様に、棒状にしてから6等分にカットする。

● クープ（切り込み）の入れ方

ハード生地のバゲットなどを作るときに出てくる、クープ（切り込み）の入れ方です。

クープナイフをやや斜めに倒して向こう側から手前に切り込みを入れる。3〜5mmくらいの深さで、なるべく刃を一気に引くのがコツ。クープナイフがない場合は新しいカミソリでもOK。

● スチームの入れ方

ハード生地の焼成で出てくるスチームの入れ方です。

オーブンの下段に天板を入れた状態で（天板が2枚入らない場合は代わりに耐熱皿を入れて）予熱をして、予熱が終わったら下段の天板（または耐熱皿）に200mlの熱湯を入れて、生地は上段で焼く。

• 生地の丸め方

生地を分割したら、次は丸めていきます。
複数個丸めるときは、生地が乾燥しないように、
丸めている生地以外の生地に必ずラップをかけてください。

▶ 生地が小さいとき、手のひらで丸める方法

1 分割した生地を軽くつぶす。

2 手のひらにのせ、外側の生地を内側に入れ込むようにして丸める。

3 同じことを数回繰り返し、丸くする。

4 裏側をつまんでとじる。とじ目を下にしておく。

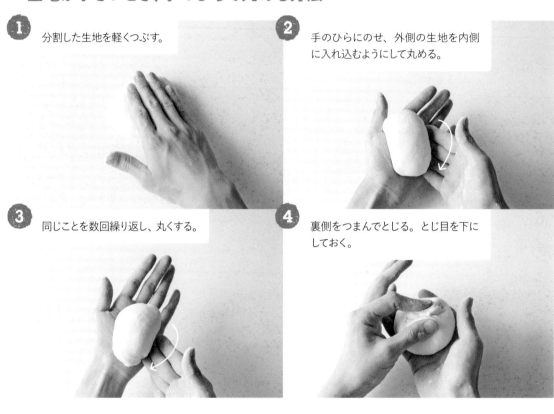

▶ 生地が大きいとき、台の上で丸める方法

台にのせて、両手で包み込むようにして台と摩擦させながら回して、外側の生地を内側に入れ込んでいく。丸くなったら裏側をつまんでとじる。

● 混ぜ込みの仕方

生地に材料を混ぜ込むときの方法です。
各レシピページの「下準備」に「生地に混ぜ込んでおく」と
書いてある材料は、復温後に下記を参照して混ぜ込んでください。

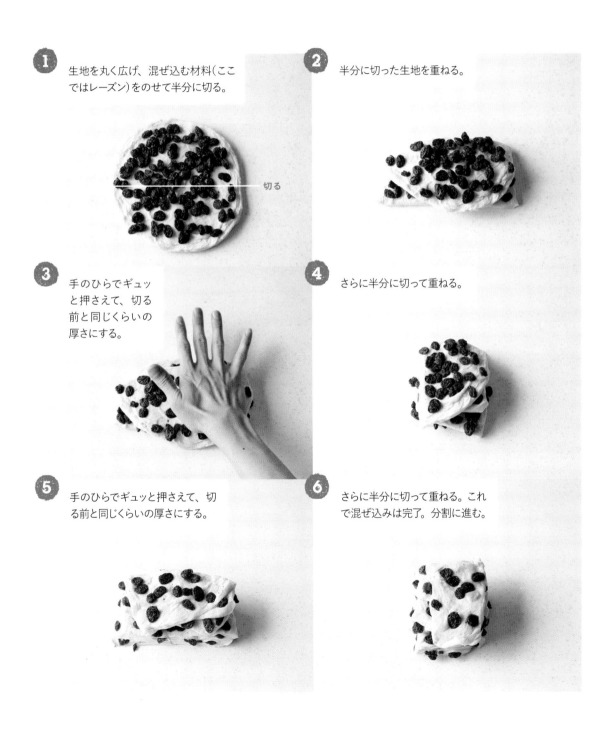

1 生地を丸く広げ、混ぜ込む材料（ここではレーズン）をのせて半分に切る。

切る

2 半分に切った生地を重ねる。

3 手のひらでギュッと押さえて、切る前と同じくらいの厚さにする。

4 さらに半分に切って重ねる。

5 手のひらでギュッと押さえて、切る前と同じくらいの厚さにする。

6 さらに半分に切って重ねる。これで混ぜ込みは完了。分割に進む。

カスタードクリームの作り方

クリームパンなどで使う電子レンジで作れるカスタードクリームの作り方です。
パンを成形する前に作って密着ラップをして保冷剤を上に置いて、
粗熱が取れたら冷蔵庫で冷やしておきましょう。

【 材料（作りやすい分量）】約340g分
卵黄‥‥‥‥‥‥‥‥‥‥‥‥‥‥‥2個分
砂糖‥‥‥‥‥‥‥‥‥‥‥‥‥‥‥‥60g
薄力粉‥‥‥‥‥‥‥‥‥‥‥‥‥‥‥24g
牛乳‥‥‥‥‥200g（室温に戻しておく）
お好みでバニラオイル‥‥‥‥‥2〜3滴

※半量で作る場合、工程4と5の電子レンジの加熱時間を1分にする。

1 耐熱ボウル（金属製はNG）に卵黄と砂糖を入れ、白っぽくなるまで混ぜる。

2 薄力粉を加え、粉気がなくなるまで混ぜる。

3 牛乳を少しずつ加え、そのつどダマができないようによく混ぜ合わせる。

4 ふんわりとラップをかけて電子レンジ（600W）で2分加熱したら、一旦取り出し全体をよく混ぜる。

5 再びふんわりラップをかけて電子レンジで1分30秒加熱したら、全体がもったりするまでよく混ぜる。お好みでバニラオイルを加える。

アイシングの作り方

シナモンロールなどの仕上げに使う
アイシングの作り方です。

材料に少しずつ水を加えて混ぜ、写真くらいの固さにする。

クッキー生地の作り方

メロンパンで使うクッキー生地の作り方です。通常のクッキーの
作り方とは違い、しっかり練るように生地を作るのがポイントです。

【 材料 】
強力粉 ·······125g
グラニュー糖 ·······62g
バター（食塩不使用）
·······25g（室温に戻す）
卵 ·······50g
バニラオイル ·······少々
（ココア生地、紅茶生地、抹茶生
地の材料はそれぞれのレシピペー
ジを参照）

① ボウルにバターを入れてゴムベラでほぐ
す。グラニュー糖を入れて混ぜ合わせた
ら、卵を少しずつ加え、混ぜ合わせる。

② 強力粉を加えて、ひとまとまりになるまで混
ぜる（バニラオイル、純ココア、紅茶、抹茶
は強力粉と同じタイミングで加える）。

③ 生地をボウルから取り出し、台にすりつ
けながら手のひらで練る。

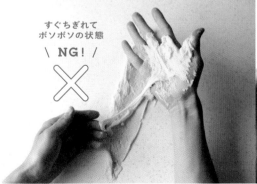

④ 生地がなめらかになったら6等分（抹茶生地
は5等分）にして丸め、冷蔵庫で冷やしておく。

すぐちぎれて
ボソボソの状態
\ NG! /
×

よく伸びる状態
\ OK! /
○

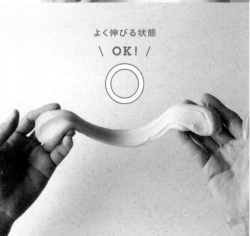

パン作りに必要な主な材料

主材料

パンを作るときに最低限必要になる材料がこの4つ。
それぞれの役割を理解しておきましょう。

本書では
強力粉は「カメリヤ」を
薄力粉は「バイオレット」を
使用

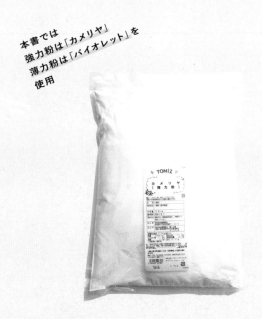

小麦粉

パン作りで主に使うのは「強力粉」。小麦粉に水分を加えてこねるとグルテンができ、そのグルテンの網目がイーストの生み出すガスを抱え込み、焼いたときにしっかりとふくらむ。パンによっては「薄力粉」を加えるケースも。

強力粉と薄力粉の違い

どちらも小麦粉だが、グルテンのもととなるたんぱく質の含有量が異なる。強力粉で作るとグルテンが多く形成され、もっちりと弾力のあるパンになる。薄力粉はたんぱく質の含有量が少ないため、さっくりと歯切れのよい食感になる。軽い食感のパンを作りたいときには、強力粉とブレンドして使う。

インスタント
ドライイースト

本書では「ドライイースト」と表記。イーストの働きによってパンが発酵し、生地がふくらむ。顆粒で扱いやすく、粉や液体に直接ふり入れて使える。開封後は密閉して冷蔵庫で保存する。3gずつの分包タイプの商品もある。

水

小麦粉に水分を加えてこねることでグルテンが形成される。また、イーストが活発に働く温度は32〜35℃で、生地の温度が冷たいと発酵しにくくなるため、温めた水を使う（ぬるめのお風呂くらいの温度・40℃前後が目安）。

塩

塩は味つけのほかに、グルテンを引き締める働きがある。精製塩は比重が異なるため、粗塩を使うのがおすすめ。

副材料

主材料以外に加える食材。コクや風味をPLUSするほか、配合によって食感のバリエーションが広がります。

砂糖

甘みを加えるほか、保水性があるためパンにやわらかさが出て、日持ちもよくなる。糖分はイーストの栄養にもなり、発酵をサポートする役割も。

食塩不使用タイプを使用

バター

風味が増すほか、生地がのびやすく焼成時にボリュームが出る。本書では溶かしバターにして生地に加えるほか、デニッシュの折り込みにも使用。

スキムミルク

牛乳から脂肪をのぞき、乾燥させたもの。保存がきく。生地に牛乳の風味をつけるために使用。

卵

風味とコクが増す。卵に含まれるレシチンには乳化作用があり、パンをしっとりやわらかくする効果がある。つや出しのために表面にぬることも。

この本の使い方

- 強力粉は「カメリヤ」、薄力粉は「バイオレット」を使用しています。他の商品で作る場合は、加える水分量が多少変わる可能性がありますので、様子を見て加減してください。
- バターは特に表記がない場合、食塩不使用・有塩どちらでも可です。
- 材料(液体)でg表記のものは、スケールで量ります。
- 生地はオーブンの発酵機能を利用しています(オーブンの取扱説明書を確認してください)。
- 生地の発酵状態が見えやすいように、ラップを外した状態で撮影しています。
  オーブンの焼成温度と時間は、電気オーブンを基本にしています(ガスオーブンの場合、温度を10℃下げてください)。
  機種によって焼き具合に差があるので、レシピの温度と時間を参考に、様子を見て調整してください。
- 室温は20～25℃を想定しています。
- 電子レンジは600Wを基準にしています。

材料協力：株式会社富澤商店　オンラインショップ：https://tomiz.com/　TEL：0570-001919

パン作りに必要な主な道具

ボウル

生地作りに使用。直径21〜24cmが使いやすい。材質は耐熱ガラス、ステンレス、何でもOK。

めん棒

生地を平らにのばすために使用。パン用のガス抜きがついたものでも、ついていないものでもOK。

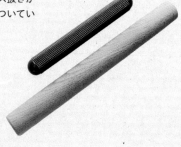

カード（スケッパー）

ボウルから生地を出したり、手や台についた生地を集めたり、分割するときなどに使う。横幅（12cmのものが多い）を覚えておくと、成形時に生地の幅の見当をつけるときにも役立つ。

デジタルスケール

0.1g単位で最大1kgまで量れるデジタル式を使う。水も計量カップではなく、スケールで計量する。

クープナイフ

生地にクープ（切り込み）を入れるための専用ナイフ。新しいカミソリでも代用可能。

ゴムベラ

生地を混ぜるときに使用する。ヘラ部分がシリコン製で硬めでしっかりすくえるタイプがおすすめ。

ハケ

生地の表面に溶き卵や油脂をぬるときに使用。

キッチンバサミ

生地に深い切り込みを入れるときに使用。キッチンバサミを立てて先の部分でカットすることが多い。

ロールカッター

生地をカットするときに使用する。特に層をきれいに出したいデニッシュ生地をカットするときは、刃先がするどいロールカッターを使うとよい。刃渡りの長い包丁でも代用可能。

型

本書ではパウンド型、イングリッシュマフィン型、デコレーション丸形などを使用。

カップ類

パンの生地を入れて焼成するときに使用する。アルミカップや紙カップにPETフィルムが貼ってあるペットカップで、オーブン使用OKのものを選ぶこと。

クッキングシート

幅25～33cmのものを使用。オーブンの天板に敷いて生地のくっつきを防止する。

ラップ

幅30cmのものを使用。パン生地は乾燥に弱いため、発酵時やベンチタイム、成形時に待機する生地にかける。

CONTENTS

PART 1

ふんわり生地のパン

PART 4

ふんわり生地で作るデニッシュ

Staff

デザイン／藤田康平（Barber）、西野友紀菜、鈴木麻祐子
撮影／松元絵里子
スタイリング／宮田桃子
アシスタント／富山真子

DTP／八文字則子
校正／麦秋アートセンター
編集協力／須川奈津江
編集／宇並江里子（KADOKAWA）

PART

1

SOFT BREAD DOUGH

ふんわり生地のパン

ふんわりソフトな生地を使ったパンのレシピです。
甘いパンがお好みという方は、このPARTのパンから作り始めるのがおすすめ。
基本の材料はP4、生地の作り方はP5を参照してください。

Mini bread

ミニ食パン

01_プレーン 02_レーズン 03_抹茶大納言
04_いちご 05_黒ごま 06_ココアショコラ

~ MOVIE ~

パウンド型を使って作るミニサイズの食パンです。プレーンの食パンはちょっと飽きたかも……という方のためにバリエーションのレシピもご用意しました！

STEP 2 分割 & ベンチタイム ⏱10分

プレーンと黒ごまはそのまま、レーズン、抹茶大納言、いちご、ココアショコラはAを混ぜ込んでから(混ぜ込みの仕方はP11参照)3分割し(P8参照)、とじ目を下にして置き、ラップをかけ、室温で10分休ませる。その間に型の内側にバター(食塩不使用・分量外)をまんべんなくぬる。

【材料】1個分

プレーン

生地
ふんわり生地の基本材料(P4参照)

レーズン

生地
ふんわり生地の基本材料(P4参照)

具材

A | レーズン.............................60g
　 (湯通しして水気を拭き取る)

抹茶大納言

生地
ふんわり生地の基本材料(P4参照)
　＊水の量を142gに変更
　＊抹茶6gを粉類に加える

具材

A | 甘納豆またはかのこ豆.........60g

STEP 3 成形

1
生地をとじ目を上にして置き、手で直径12cmくらいに広げる。

2
生地を左右から1/4ずつ折り、左右の端が中央で重なるようにする。

5
4を芯にして少しずつ巻いては指で生地を押さえて引き締めるを繰り返し、最後まで巻く。

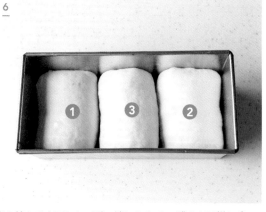

6
巻き終わりを下にして型の端に入れる。残りも同様に巻いて、反対側の端、中央の順番に型に入れる。

いちご
生地
ふんわり生地の基本材料(P4参照)
　＊いちごパウダー5g、食紅(赤)
　少々を粉類に加える
具材
A｜つぶジャム いちご ……………30g

黒ごま
生地
ふんわり生地の基本材料(P4参照)
　＊黒いりごま16gを粉類に加
　える

ココアショコラ
生地
ふんわり生地の基本材料(P4参照)
　＊水の量を140gに変更
　＊ココアパウダー10gを粉類に
　加える
具材
A｜チョコチップ ………………………40g

【 その他／共通 】
パウンド型(横17.5×縦7×高さ6cm)

めん棒をあてて上下に転がし、20cmくらいの長さまでのばす。

手前を少し折って指でギュッと押さえる。

STEP 4 最終発酵 🌡40℃ ⏱40〜50分

発酵後の状態

ラップをかけて最終発酵させる。オーブンの発酵機能を利用し、型の7〜8割くらいになればOK。発酵終了後、生地を取り出し、下段に天板を入れてオーブンの予熱を開始する。

STEP 5 焼成 🌡180℃ ⏱20〜24分

オーブンの下段の天板に型をのせて焼く。焼き上がったら網にのせてさます。

ころころしたかわいい形の
ロールパン。ゆるく巻くと、
焼いたあとにくるくるとした
段差ができやすく、見た目
もかわいく仕上がります。

STEP 2 分割 & ベンチタイム ⏱10分

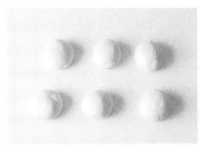

生地を6分割し（P9参照）、とじ目を下にして置き、をラップをかけ、室温で10分休ませる。

【 材料 】6個分

プレーン
生地
ふんわり生地の基本材料（P4参照）

ソーセージ
生地
ふんわり生地の基本材料（P4参照）
具材
ソーセージ…6本（水分を拭き取る）

チーズ
生地
ふんわり生地の基本材料（P4参照）
具材
プロセスチーズ…3個（2等分に切る）
トッピング
粉チーズ……………………適量

塩バター
生地
ふんわり生地の基本材料（P4参照）
具材
バター ………………………24g
（長さ5cm×6等分に切る）
トッピング
岩塩……………………………適量

【 その他／共通 】
つや出し用／溶き卵……………適量

STEP 3 成形

1

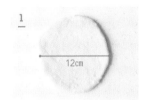

12cm

台に打ち粉（強力粉）をふって、生地をとじ目を上にして置き、手で直径12cmくらいに広げる。

2

手前をカードではがし、向こう側にくるくると巻き、合わせ目を指でつまんでとじたら、5分ほど生地を休ませる。

3

25〜30cm

主に生地の端の方を手のひらで転がして中央にボリュームを持たせながら25〜30cmくらいの長さにする。

4

生地を縦にし、棒状の生地の手前を半分のところまで折りたたむ。

5

生地の上の方を引きながらめん棒を転がし、30cmの長さのしずく形にする。一番太い下の部分の幅は5cmくらいが目安。

6

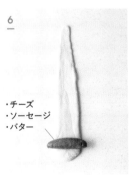

・チーズ
・ソーセージ
・バター

一度台から生地をはがす。プレーンは手前を少し折って芯を作り、向こう側にゆるめにくるくると巻いていく。巻き終わりを下にしてクッキングシートを敷いた天板に並べる。チーズはチーズ、ソーセージはソーセージ、塩バターはバターを手前に置いて一巻きして芯を作り、巻いていく（写真右）。

STEP 4 最終発酵 🌡40℃ ⏱40〜50分

発酵後の状態

ラップをかけて最終発酵させる。オーブンの発酵機能を利用し、ひと回り大きくなればOK。発酵終了後、生地を取り出し、オーブンの予熱を開始する。

焼く直前に溶き卵をハケでぬり、塩バターは岩塩をチーズは粉チーズを上にのせる。

STEP 5 焼成 🌡190℃ ⏱13〜16分

オーブンの下段に入れて焼く。焼き上がったら網にのせてさます。

しましま抹茶あんぱん

MOVIE

11

抹茶あんの緑が鮮やかなあんぱんです。あんは、白あんに抹茶を混ぜて作ります。見た目も美しいので、誰かに贈りたくなる"映え"なあんぱんです。

STEP 2 分割 & ベンチタイム ⏱10分

生地を6分割し(P9参照)、とじ目を下にして置き、ラップをかけ、室温で10分休ませる。

【 材料 】6個分
生地
ふんわり生地の基本材料(P4参照)
具材
白あん……………………………200g
抹茶……………………………………5g

【 下準備 】
白あんと抹茶は混ぜ合わせて、6等分に分ける。

【 その他 】
つや出し用／溶き卵 …………… 適量
ペットカップ(直径7.5cm)………6枚

STEP 3 成形

1 1cm / 4cm / 16cm / 12cm

台に打ち粉(強力粉)をふって、生地をとじ目を上にして置き、めん棒で12×16cmくらいに広げ、中央に細長くした抹茶あんをのせる。

2

生地の左右の端をカードで台からはがし、指でつまんでとじる。

3

とじ目を下にして手のひらで全体が平たくなるようにつぶしたら、めん棒で24cmくらいの長さにのばす。

4 1cm

上下1cmずつを残し、カードで縦に4本切り込みを入れる。

5

生地の左端をカードではがし、下から上に斜め方向にくるくると巻き、しま模様のひも状にする。

6

ひも状の生地をひと結びにして、ペットカップにのせる。

STEP 4 最終発酵 🌡40℃ ⏱40〜50分

発酵後の状態

ラップをかけて最終発酵させる。オーブンの発酵機能を利用し、ひと回り大きくなればOK。発酵終了後、生地を取り出し、オーブンの予熱を開始する。

焼く直前に溶き卵をハケでぬる。

STEP 5 焼成 🌡200℃ ⏱14〜16分

オーブンの下段に入れて焼く。焼き上がったら網にのせてさます。

Basic anpan

基本の
あんぱん

こねない生地で定番のあんぱんを作りたいという方にはこちらのレシピを。焼く前に黒ごまをスタンプすることで、一気に本格的なあんぱんの見た目になります。

【 材料 】6 個分

生地	具材	【 その他 】
ふんわり生地の基本材料(P4 参照)	あんこ ……… 240g(6 等分に分ける)	つや出し用／溶き卵 …………… 適量
		黒いりごま ………………… 適量

STEP 2 分割 & ベンチタイム ⏱10 分

生地を6 分割し(P9 参照)、とじ目を下にして置き、ラップをかけ、室温で 10 分休ませる。

STEP 3 成形

1 —

12cm

生地をとじ目を上にして置き、手で直径12㎝くらいに広げ、6 等分にしたあんこをのせる。

2 —

具材を包む。上下の生地を合わせて手でつまんでとじる。

3 —

間の生地も中心に集めていってあんこを包み、最後はつまんでしっかりとじる。

4 —

とじ目を下にして手のひらで押さえ、少し平らにする。クッキングシートを敷いた天板にとじ目を下にしたまま並べる。

STEP 4 最終発酵 🌡40℃ ⏱40〜50 分

発酵後の状態

ラップをかけて最終発酵させる。オーブンの発酵機能を利用し、ひと回り大きくなればOK。発酵終了後、生地を取り出し、オーブンの予熱を開始する。

焼く直前に溶き卵をハケでぬる。めん棒の先に卵をつけ、黒ごまをスタンプのように押してそっとつける。

STEP 5 焼成 🌡200℃ ⏱12〜14 分

オーブンの下段に入れて焼く。焼き上がったら網にのせてさます。

Almond sugar bread
シュガーアーモンド

MOVIE

市販のぐるぐる巻きの菓子パンのような見た目のパン。この本ではアーモンドをかけてより香ばしく仕上げました。

【 材料 】3 個分	【 その他 】	〈アイシング〉
生地	つや出し用／溶き卵 ……………… 適量	粉糖 …………………………………20g
ふんわり生地の基本材料(P4 参照)	アーモンドスライス …………約20g	水 ………………………………… 2g〜
		作り方はP12参照。

STEP 2 分割 & ベンチタイム 🕐 10 分

生地を 6 分割し(P9 参照)、とじ目を下にして置き、ラップをかけ、室温で10 分休ませる。

STEP 3 成形

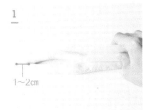

1

1〜2㎝

台に打ち粉(強力粉)をふって、生地を手で転がし、24㎝くらいの長さにしたら、左端を1〜2㎝残し、カードで横に切り込みを入れ、ひも状の1本にする。さらに手で転がして太さをととのえる。

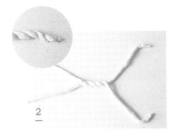

2

1 を 2 本中心で交差させ、右端に向かってねじって端は指でつまんでとめる。左側も同様にする。

クッキングシートを敷いた天板の上で、2 を中心から外側に向かって円状に巻いていき、巻き終わりは先端を下に入れ込む。

STEP 4 最終発酵 🌡40℃ 🕐 30〜40 分

発酵後の状態

ラップをかけて最終発酵させる。オーブンの発酵機能を利用し、ひと回り大きくなればOK。発酵終了後、生地を取り出し、オーブンの予熱を開始する。焼く直前に溶き卵をハケでぬり、アーモンドスライスをのせる。

STEP 5 焼成 🌡200℃ 🕐15〜18 分

オーブンの下段に入れて焼く。焼き上がったら網にのせてさます。スプーンでアイシングをかける。

Chocolate ganache bread ──── ～MOVIE～

生チョコパン

パンの中には生チョコを、外側にはチョコレートをコーティングしたチョコ好きにはたまらないパンです。コーティングはなしでもおいしいです。

【 材料 】8個分
生地
ふんわり生地の基本材料(P4参照)
〈具材の生チョコ〉
チョコレート ……………………50g
生クリーム ……………………25g
バター(食塩不使用) ……………5g

【 その他 】
コーティング用のチョコレート
………………………………60g
アルミカップ(直径5.7cm)………8枚

【 下準備 】
生チョコを作る。
1 ボウルにすべての材料を入れ、湯煎で溶かす。
2 小さめのバットやパウンドケーキ型に入れて冷やし固め、固まったら8等分に切り分ける。

STEP **2** 分割 & ベンチタイム 🕐10分

生地を8分割し、とじ目を下にして置き、ラップをかけ、室温で10分休ませる。

STEP **3** 成形

生地をとじ目を上にして置き、手で直径10cmくらいに広げ、生チョコをのせる。

10cm

チョコを包む。生地の左右を引っ張りながら中心でとじて、次に上下をとじ、最後に間の生地を集めてとじる。とじ目を下にしてカップにのせる。

STEP **4** 最終発酵 🌡30℃ 🕐30〜40分

発酵後の状態

ラップをかけて最終発酵させる。オーブンの発酵機能を利用し、ひと回り大きくなればOK。発酵終了後、生地を取り出し、オーブンの予熱を開始する。

STEP **5** 焼成 🌡180℃ 🕐13〜16分

オーブンの下段に入れて焼く。焼き上がったら網にのせてさます。

仕上げに湯煎で溶かしたコーティング用のチョコレートにパンの上半分くらいを浸したら、固まるまで置く。

15

Apple bread
りんごパン

◀MOVIE▶

生地の中にりんごのコンポートを入れて包んだパン。見た目もりんごに見えるように工夫したかわいらしいパンです。

【 材料 】8 個分

生地
ふんわり生地の基本材料(P4 参照)
〈具材のりんごのコンポート〉
りんご ……………………………1個
グラニュー糖…………………50g
はちみつ…………………………25g

【 その他 】
つや出し用／溶き卵 ……………適量
スティック菓子 …………………適量
ピスタチオ(ロースト)または
　かぼちゃの種 …………………8粒
アルミカップ(直径 5.7cm)……8枚

【 下準備 】
りんごのコンポートを作る。
1　りんごは皮をむいて 1cm 角に切る。
2　鍋に 1、グラニュー糖、はちみつを入れてりんごが透明になるまで炒める。さまして、8 等分に分ける。

STEP 2 分割 & ベンチタイム 🕐10 分

生地を 8 分割し、とじ目を下にして置き、ラップをかけ、室温で 10 分休ませる。

STEP 3 成形

10cm

生地をとじ目を上にして置き、手で直径 10cm くらいに広げ、りんごのコンポートをのせる。

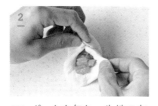

コンポートを包む。生地の左右を引っ張りながらとじる。間の生地も中心に集めていってコンポートを包み、最後はしっかりとじる。

とじ目を下にしてアルミカップにのせる。

STEP 4 最終発酵 🌡40℃ 🕐40〜50 分

発酵後の状態

ラップをかけて最終発酵させる。オーブンの発酵機能を利用し、ひと回り大きくなればOK。発酵終了後、生地を取り出し、オーブンの予熱を開始する。

焼く直前に溶き卵をハケでぬり、中央に 3cm くらいに折ったスティック菓子をさし、ピスタチオまたはかぼちゃの種をのせる。

STEP 5 焼成 🌡190℃ 🕐14〜16 分

オーブンの下段に入れて焼く。焼き上がったら網にのせてさます。

板チョコアーモンド

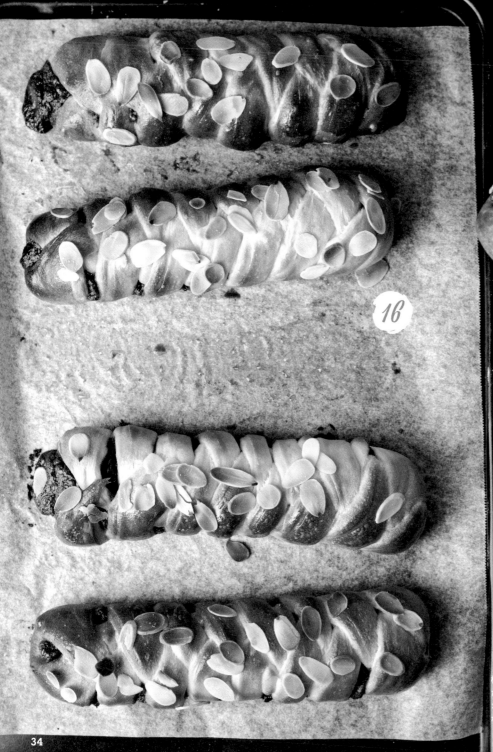

16

板チョコをそのまま包んで焼いたお菓子みたいなパン。板チョコのザクッとした食感がクセになることまちがいなしです。

STEP 2 分割 & ベンチタイム ⏱10分

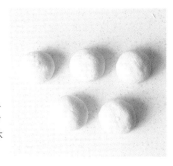

生地を5分割し(P9参照)、とじ目を下にして置き、ラップをかけ、室温で10分休ませる。

【材料】5個分
生地
ふんわり生地の基本材料(P4参照)
具材
板チョコ ……………………………2枚
【その他】
アーモンドスライス ……………約15g
つや出し用／溶き卵 …………… 適量

STEP 3 成形

1 台に打ち粉(強力粉)をふって、生地をとじ目を上にして置き、めん棒で12×16cmくらいに広げる。

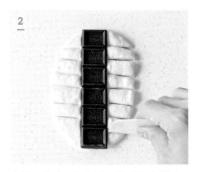

2 生地の中央に細長く5等分した板チョコを置き、カードで左右に8等分の切り込みを入れる。

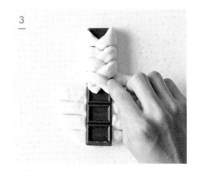

3 生地を上から手前に引き、左右交互に重ねていく。最後まで同様に繰り返し、クッキングシートを敷いた天板に並べる。

STEP 4 最終発酵 🌡40℃ ⏱30〜40分

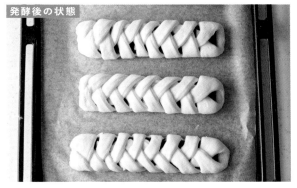

発酵後の状態

ラップをかけて最終発酵させる。オーブンの発酵機能を利用し、ひと回り大きくなればOK。発酵終了後、生地を取り出し、オーブンの予熱を開始する。

焼く直前に溶き卵をハケでぬり、アーモンドスライスをのせる。

STEP 5 焼成 🌡200℃ ⏱15〜18分　オーブンの下段に入れて焼く。焼き上がったら網にのせてさます。

18

17

19

メロンパンは、パン生地をクッキー生地で
包んで作ります。クッキー生地を作るひと手
間はありますが、おうちでメロンパンが焼け
ると思うとチャレンジしたくなるはず。

STEP 2 分割＆ベンチタイム ⏱10分

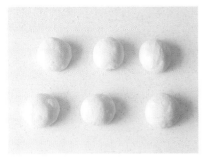

生地を6分割し(P9参照)、とじ目を下にして置き、ラップをかけ、室温で10分休ませる。

【 材料 】6個分

プレーン

生地
ふんわり生地の基本材料(P4参照)

〈クッキー生地〉

強力粉	125g
グラニュー糖	62g
バター(食塩不使用)	25g
卵	50g*
バニラオイル	少々*

ココア

生地
ふんわり生地の基本材料(P4参照)

〈ココアクッキー生地〉

＊プレーンのクッキー生地のバニラオイルの代わりに純ココア3gを加える
＊卵の量を56gに変更

紅茶

生地
ふんわり生地の基本材料(P4参照)

〈紅茶クッキー生地〉

＊プレーンのクッキー生地のバニラオイルの代わりに紅茶(粉末にしたもの)3gを加える
＊卵の量を56gに変更

【 その他／共通 】

グラニュー糖 …………………… 適量

【 下準備 】

各クッキー生地を作る。作り方は、P13参照。

STEP 3 成形

1 台にラップを広げ、クッキー生地を手で直径10cmくらいに広げ、とじ目を上にしてパン生地をのせる。

2 手で包み込むようにクッキー生地でパン生地を覆っていく。

3 クッキー生地側にパン生地を押し込むようにして、クッキー生地がパン生地の下面にくるまで包む。

4 8割くらい包み込めたらOK。

5 クッキー生地にグラニュー糖をまぶす。

6 表面にカードで縦横3本ずつ模様をつけ、クッキングシートを敷いた天板に並べる。

STEP 4 最終発酵 🌡40℃ ⏱40〜50分

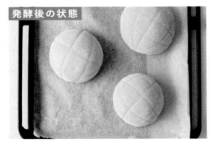

発酵後の状態

ラップをかけて最終発酵させる。オーブンの発酵機能を利用し、ひと回り大きくなればOK。発酵終了後、生地を取り出し、オーブンの予熱を開始する。

STEP 5 焼成 🌡200℃ ⏱14〜16分

オーブンの下段に入れて焼く。焼き上がったら網にのせてさます。

カメロンパン

20

メロンパンに顔と手足をつけてカメの形に。甲羅のクッキー生地は緑色の抹茶クッキーになっています。目を描くと食べるのがもったいないくらいかわいいカメロンパンに。

STEP 2　分割 & ベンチタイム　🕐 10分

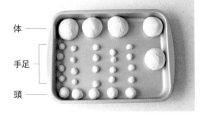

体
手足
頭

5等分にして、それぞれを2g（手足用）4つ、10g（頭用）1つ、残り（体用）に分割する。とじ目を下にして置き、ラップをかけ、室温で10分休ませる。

【 材料 】5個分
生地
ふんわり生地の基本材料（P4参照）
〈抹茶クッキー生地〉

強力粉	125g
抹茶	2g
グラニュー糖	62g
バター（食塩不使用）	25g
卵	56g

【 その他 】
グラニュー糖 …………………… 適量

【 下準備 】
抹茶クッキー生地を作る。作り方は、P13参照。強力粉を入れるときに抹茶も加える。

STEP 3　成形

1

台にラップを広げ、クッキー生地を手で直径10cmくらいに広げ、とじ目を上にしてパン生地をのせる。

2

手で包み込むようにクッキー生地でパン生地を覆っていく。クッキー生地側にパン生地を押し込むようにして、クッキー生地がパン生地の下面にくるまで包む。8割くらい包み込めたらOK。

3

クッキー生地にグラニュー糖をまぶす。

4

表面にカードで縦横3本ずつ模様をつけ、クッキングシートを敷いた天板に並べる。

5

頭・手足の生地の形を整えてから先を少しつまんで、4の生地の下に挟むようにしてつける。

STEP 4　最終発酵　🌡 40℃　🕐 40〜50分

発酵後の状態

ラップをかけて最終発酵させる。オーブンの発酵機能を利用し、ひと回り大きくなればOK。発酵終了後、生地を取り出し、オーブンの予熱を開始する。

STEP 5　焼成　🌡 170℃　🕐 14〜16分

オーブンの下段に入れて焼く。焼き上がったら網にのせてさます。お好みで、水で溶いたココアパウダー（分量外）で目を描く。

Chocolate chip melon bread sticks

チョコチップ
スティック
メロンパン

-MOVIE-

21

クッキー生地にチョコチップを混ぜ込んだ菓子パンです。生地を四角くのばしてカットするだけの、丸くないメロンパンです。

【 材料 】16 個分

生地
ふんわり生地の基本材料(P4参照)

〈チョコチップクッキー生地〉

強力粉 ……………………………125g
グラニュー糖 ……………………62g
バター(食塩不使用) ……………25g
卵 …………………………………50g
チョコチップ……………………20g

【 その他 】
グラニュー糖 ……………………適量

【 下準備 】
チョコチップクッキー生地を作る。作り方は、メロンパンのクッキー生地(P13参照)と同じ。生地がひとまとまりになったら、チョコチップを混ぜ込み、24×24cmのシート状にしてラップに包んでひやしておく。

生地をシート状にするときは、ラップを24×24cmの袋状にしておき、その中に生地を入れて口をとじる。めん棒でラップの全体に生地が行き渡るようにのばす。

---

2 分割 & ベンチタイム 🕐 10分

生地は分割せず丸め(P10参照)、とじ目を下にして置き、ラップをかけ、室温で10分休ませる。

3 成形

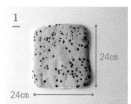
1

台に打ち粉(強力粉)をふって、生地をめん棒で24×24cmくらいに広げる。上にチョコチップクッキー生地を重ね、手のひらで押しつけ、ピッタリとくっつける。

24cm
24cm

2

表面にグラニュー糖をまぶし、カードで16等分に切る。最初に横2等分に切り、次にカードと定規を使って薄くガイドラインを引いてから8等分に切る。クッキングシートを敷いた天板に並べる。

4 最終発酵 🌡40℃ 🕐 20〜30分

発酵後の状態

ラップをかけて最終発酵させる。オーブンの発酵機能を利用し、ひと回り大きくなればOK。発酵終了後、生地を取り出し、オーブンの予熱を開始する。

5 焼成 200℃ 🕐 14〜16分

オーブンの下段に入れて焼く。焼き上がったら網にのせてさます。

Sweet boules
スイートブール
22 プレーン 23 オレンジパルメザンクッキー

コンビニでよく見かけるスイートブールはおうちでも作れます。今回はプレーン味に加えて、オレンジパルメザンクッキーのレシピもご紹介。

【 材料 】6個分

プレーン

生地
ふんわり生地の基本材料(P4参照)
〈上がけ生地〉
バター(食塩不使用)················60g
グラニュー糖·····················60g
卵·····························60g
薄力粉··························45g
アーモンドパウダー···············15g
バニラオイル·····················少々*

オレンジパルメザンクッキー

生地
ふんわり生地の基本材料(P4参照)
トッピング
オレンジコンフィ ·················6枚
〈上がけ生地〉
*プレーンのバニラオイルの代わりにパルメザンチーズ 15gを加える

【 その他／共通 】
絞り袋

【 下準備 】
上がけ生地を作る。

1 バターと卵は室温に戻しておく。
2 ボウルにバターを入れてハンドミキサーでほぐす。
3 2にグラニュー糖を加え、白っぽくなるまで混ぜる。
4 卵を少しずつ加えて混ぜる。混ざったら、薄力粉とアーモンドパウダーを加えてゴムベラで混ぜ合わせる。
5 バニラオイルまたはパルメザンチーズを加えてよく混ぜる。

分割 & 成形　生地を6分割(P9参照)して丸め、とじ目を下にしてクッキングシートを敷いた天板に並べる。

最終発酵 🌡40℃ ⏱30〜40分

発酵後の状態

ラップをかけて最終発酵させる。オーブンの発酵機能を利用し、ひと回り大きくなればOK。発酵終了後、生地を取り出し、オーブンの予熱を開始する。

発酵後、絞り袋に入れた上がけ生地をパン生地の上に絞る。

焼成
🌡190℃ ⏱15〜17分

オーブンの下段に入れて焼く。焼き上がったら網にのせてさます。オレンジパルメザンクッキーは、仕上げにオレンジコンフィをのせる。

クリームパン／
白いクリームパン

24

25

定番のクリームパンのレシピです。打ち粉をかけて温度を下げて焼くことで、白いクリームパンにも。一つの生地でお好みで作り分けることも可能です。

STEP 2 分割 & ベンチタイム ⏱10分

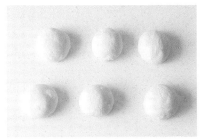

生地を6分割し(P9参照)、とじ目を下にして置き、ラップをかけ、室温で10分休ませる。

【 材料 】6個分

クリームパン
生地
ふんわり生地の基本材料(P4参照)
具材
カスタードクリーム……………340g
【 その他 】
つや出し用／溶き卵……………適量

白いクリームパン
生地
ふんわり生地の基本材料(P4参照)
具材
カスタードクリーム……………340g
【 その他 】
打ち粉／強力粉……………適量
【 下準備 】
カスタードクリームを作る。材料と作り方はP12参照。

STEP 3 成形

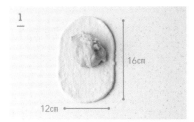

1

16cm / 12cm

台に打ち粉(強力粉)をふって、生地をとじ目を上にして置き、めん棒で12×16cmくらいに広げ、中心より上に、周囲にとじ代を残してカスタードクリームをのせる。

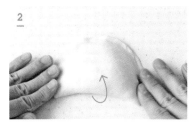

2

生地を手前から向こう側に半分に折って重ね、指でつまんでとじる。このとき、とじ目にクリームがつかないように注意する。

3

カードで切り込みを5か所入れる。切り込みは、クリームが見えるくらいの深さまで入れる。クッキングシートを敷いた天板に並べる。

STEP 4 最終発酵 🌡40℃ ⏱40〜50分

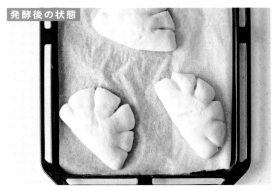

発酵後の状態

ラップをかけて最終発酵させる。オーブンの発酵機能を利用し、ひと回り大きくなればOK。発酵終了後、生地を取り出し、オーブンの予熱を開始する。

クリームパンは、焼く直前に溶き卵をハケでぬる。

白いクリームパンは茶こしで打ち粉をふる。

STEP 5 焼成 🌡190℃ ⏱15〜18分(クリームパン)
🌡150℃ ⏱16〜18分(白いクリームパン)

オーブンの下段に入れて焼く。焼き上がったら網にのせてさます。

26

包み込むカスタードクリームに
レモン汁とすりおろしたレモン
の皮を加えてさわやかな風味
に。成形もレモン形、仕上げ
にレモンコンポートまでのせ
たレモンづくしのパンです。

STEP 2 分割 & ベンチタイム ⏱10分

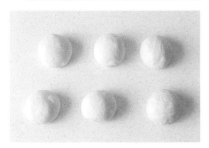

生地を6分割し（P9参照）、とじ目を下にして置き、ラップをかけ、室温で10分休ませる。

STEP 3 成形

1
16cm
12cm

台に打ち粉（強力粉）をふって、生地をとじ目を上にして置き、めん棒で12×16cmくらいに広げ、中心より上に周囲にとじ代を残してレモンカスタードをのせる。

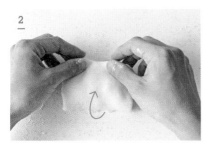

2

生地を手前から向こう側に半分に折って重ね、指でつまんでとじる。

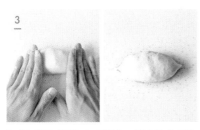

3

2をとじ目を下にして置き、手のひらで生地の左右を転がしながら、レモンの形になるように整える。とじ目を下にしてクッキングシートを敷いた天板に並べる。

【 材料 】6個分

生地
ふんわり生地の基本材料（P4参照）

【 その他 】

つや出し用／溶き卵 ················ 適量
溶けない粉糖 ························· 適量

〈レモンカスタード〉

卵黄 ································· 2個分
砂糖 ································· 60g
薄力粉 ······························ 24g
牛乳 ········ 200g（室温に戻しておく）
レモン果汁 ······················· 1/2個分
レモンの皮のすりおろし ···· 1/2個分

〈レモンのコンポート〉

レモン ······························ 1/2個
水 ·································· 50g
砂糖 ································ 50g

【 下準備 】

1　レモンカスタードを作る。
　　カスタードクリームの作り方は、P12参照。工程4のときにレモン果汁を一緒に加え、最後にレモンの皮のすりおろしを加えて混ぜ、6等分する。

2　レモンのコンポートを作る。
　　レモンは6等分の輪切りにし、小鍋にすべての材料を入れ、レモンの皮に透明感が出るまで10分ほど弱火で煮込む。

STEP 4 最終発酵 🌡40℃ ⏱40〜50分

発酵後の状態

ラップをかけて最終発酵させる。オーブンの発酵機能を利用し、ひと回り大きくなればOK。発酵終了後、生地を取り出し、オーブンの予熱を開始する。

焼く直前に溶き卵をハケでぬる。

STEP 5 焼成 🌡190℃ ⏱15〜18分

オーブンの下段に入れて焼く。焼き上がったら網にのせてさまし、レモンのコンポートをのせ、茶こしで粉糖をふる。

ウールロール

~ MOVIE ~

27

ふんわり生地に細かく切り込みを入れて成形するので、焼き上がったときのふわふわ感をより楽しめます。シンプルな生地なのにどこか贅沢な風情のある一品です。

STEP 2 分割 & ベンチタイム ⏱10分

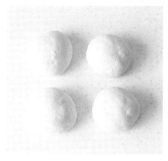

生地を4分割し(P9参照)、とじ目を下にして置き、ラップをかけ、室温で10分休ませる。その間に型にバター(分量外)をぬっておく。

【材料】直径15cm 1個分

生地
ふんわり生地の基本材料(P4参照)

【その他】
成形時用／溶かしバター
　(食塩不使用)……………15〜20g
つや出し用／溶き卵……………適量
デコレーション型(直径15cm)、またはグラタン皿など

STEP 3 成形

1

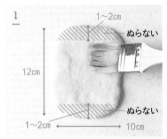

台に打ち粉(強力粉)をふって、生地をとじ目を上にして置き、めん棒で10×12cmくらいに広げる。上下1〜2cmを残してバターをぬる。

2

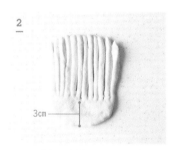

下3cmくらいを残して、カードで11本切り込みを入れる。

3

手前をカードではがし、向こう側にくるくると巻く。

4

巻き終わりは指でつまんでとめる。

5

残りも同じように成形し、型の外側に沿わせるように、巻き終わりを下にして入れる。

STEP 4 最終発酵
🌡40℃ ⏱40〜50分

発酵後の状態

ラップをかけて最終発酵させる。オーブンの発酵機能を利用し、1.5倍くらい大きくなればOK。発酵終了後、生地を取り出し、下段に天板を入れてオーブンの予熱を開始する。

焼く直前に溶き卵をハケでぬる。

STEP 5 焼成
🌡200℃ ⏱17〜20分

オーブンの下段の天板に型をのせて焼く。焼き上がったら網にのせてさます。

いろんなパンで作るラスク

たくさんパンを作りすぎてしまったときは、サックサクの手作りラスクにするのもおすすめ。
定番のシュガーバター、フロランタン風になるメープルくるみ、
お酒に合うガーリックの3種類の作り方です。

【材料】各15枚分

シュガーバター

いちご食パン、シナモンロールなど
お好みのパン

A
| バター(食塩不使用) ········· 50g
| 砂糖 ······················ 50g

メープルくるみ

バゲット、クロワッサンなどお好み
のパン

A
| バター(食塩不使用) ··········· 50g
| 砂糖 ························ 25g
| メープルシロップ ············· 50g
| くるみ ········· 25g(細かくきざむ)

ガーリック

バゲットやプレーン食パンなどお好
みのパン

A
| バター(食塩不使用) ··········· 50g
| にんにくチューブ ················ 10g
| ドライパセリ ······················ 適量

【作り方】

① パンを1cm幅に切る。

② 小さめのフライパンや小
鍋にAを入れてひと煮
立ちさせ、混ぜる。

③ ①の表面にぬる。

④ 150℃に予熱したオー
ブンで30〜40分焼く。

28

もっちり生地の パン

もっちり生地のパンは、お総菜パンが多め。
ベーグルなどの定番から、フライパンで焼けるナンなど、
おやつや食事にもぴったりなレシピを揃えました。
基本の材料はP4、生地の作り方はP5を参照してください。

Bagel

ベーグル

29_プレーン　30_カスタードブルーベリー　31_明太ポテト
32_たっぷりコーン　33_アールグレイオレンジ　34_セサミチーズ

MOVIE

29 プレーン

30 カスタードブルーベリー

31 明太ポテト

32 たっぷりコーン

33 アールグレイオレンジ

34 セサミチーズ

32

33

34

もっちりした食感が特徴のベーグル。この食感は発酵後に生地をゆでる「ケトリング」という工程の賜物です。シンプルなものから具だくさんのものまで6種類のレシピを一挙紹介します。

STEP 2 分割 & ベンチタイム ⏱10分

生地を4分割し（P9参照）、とじ目を下にして置き、ラップをかけ、室温で10分休ませる。

【材料】4個分

プレーン

生地
もっちり生地の基本材料(P4参照)

明太ポテト

生地
もっちり生地の基本材料(P4参照)

具材
明太子………40g（皮を取りほぐす）
じゃがいも……………………120g
　（ゆでて皮を取り、1cm角に切る）

アールグレイオレンジ

生地
もっちり生地の基本材料(P4参照)
　*アールグレイ茶葉5gを粉類に
　加える

具材
オレンジピール
　………………120g（粗みじん切り）

トッピング
中ザラメ …………………… 適量

カスタードブルーベリー

生地
もっちり生地の基本材料(P4参照)

具材
カスタードクリーム……………… 160g
　（P12の材料の半量で作ると余
　りが出にくい）
ドライブルーベリー………………80g
　（湯通しして水気を拭き取る）

たっぷりコーン

生地
もっちり生地の基本材料(P4参照)

具材
コーン缶…………120g（水気を切る）

トッピング
コーングリッツ ……………………… 適量

セサミチーズ

生地
もっちり生地の基本材料(P4参照)
　*黒いりごま30gを粉類に加える

具材
プロセスチーズ
　…………………120g（1cm角に切る）

トッピング
白いりごま……………………………20g

【ケトリング用／共通】
水 ……………………………… 500㎖
はちみつ…………………………25g

STEP 3 成形　写真はプレーンの生地

20cm

生地のとじ目を上にして置き、めん棒で長さ20cmくらいの長方形にのばす。

1～2cm

カスタードブルーベリーは写真のようにカスタードクリームとブルーベリーを、他の味は右記を生地にのせる。具材をのせるときは、のばした生地を数分休ませてのびやすくしてからだと包みやすい。また上2cm、下1cmは具材をのせないようにする。

アールグレイオレンジ
　………… 刻んだオレンジピール
セサミチーズ ……プロセスチーズ
たっぷりコーン………………… コーン
明太ポテト
　…ほぐした明太子とさいの目じ
　ゃがいもを混ぜたもの

2

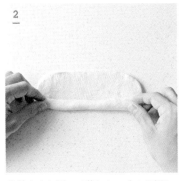

手前を少し折って芯にし、向こう側にくるくると巻いていく。

3

つなぎ目になる部分に水（分量外）をぬり、とじる。つなぎ目は指でしっかりとつまんでとじる。

4

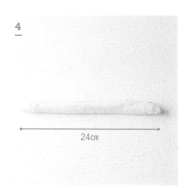

24cmくらいの長さになるように両手で転がす。

5

片側を2cmほど開いて手で広げ、水をぬる。

6

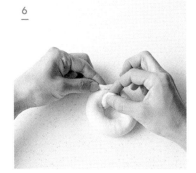

生地を輪にして、もう片方の端を2cmくらい重ね、広げた端で包み込む。

7

包み込んだら、指でつまんでとじる。とじ目を下にしてクッキングシートを敷いた天板に並べる。

STEP 4 最終発酵 🌡40℃ ⏱20〜30分

発酵後の状態

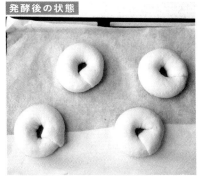

ラップをかけて最終発酵させる。オーブンの発酵機能を利用し、ひと回り大きくなればOK。発酵終了後、生地を取り出し、オーブンの予熱を開始する。

STEP 5 ケトリング

フライパンに90℃のお湯を沸かし、はちみつを加える。予熱が終わったら生地を入れて片面30秒ずつゆで、網にあげ、水気を切る（ケトリング後、すぐ焼くことでつや良く仕上がる）。

ケトリング後、セサミチーズは白ごまを、たっぷりコーンはコーングリッツを片面にまぶす。アールグレイオレンジは中ザラメを片面にかける。クッキングシートを敷いた天板にとじ目を下にして並べる。

STEP 6 焼成 🌡200℃ ⏱17〜20分　オーブンの下段に入れて焼く。焼き上がったら網にのせてさます。

くるみパン

35

もっちりした生地とサクッと香ばしいくるみ
の食感は、食べ始めると止まらないみんな
が大好きな味。生地に大胆に切り込みを入
れることで、かわいい形に焼き上がります。

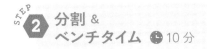

【 材料 】6個分

生地
もっちり生地の基本材料(P4参照)

具材
くるみ…………………………60g
　（熱湯で3分ゆで、水気を拭き
　　取り、5mmくらいに砕く）

【 その他 】
つや出し用／溶き卵 …………… 適量

STEP 2 分割 & ベンチタイム ⏱10 分

生地にくるみを混ぜ込んでから（混ぜ込みの仕方はP11参照）6 分割し（P9参照）、とじ目を下にして置き、ラップをかけ、室温で10 分休ませる。

STEP 3 成形

1

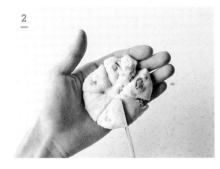

2

生地の周りにキッチンバサミで6 等分の切り込みを入れる。切り込みの長さは2〜3cmが目安。とじ目だったところを下にしてクッキングシートを敷いた天板に並べる。

生地のとじ目を上にして置き、手で直径10cmくらいに広げる。

STEP 4 最終発酵 🌡40℃ ⏱40〜50 分

発酵後の状態

焼く直前に溶き卵をハケでぬる。

ラップをかけて最終発酵させる。オーブンの発酵機能を利用し、ひと回り大きくなればOK。発酵終了後、生地を取り出し、オーブンの予熱を開始する。

STEP 5 焼成 🌡200℃ ⏱15〜18 分

オーブンの下段に入れて焼く。焼き上がったら網にのせてさます。

カルツォーネ

MOVIE

36

ピザ生地に具材をのせて折りたたんで焼いたパンをカルツォーネといいます。同じ生地で折りたたまずに焼けば、ピザとしても楽しめるレシピです。

【 材料 】4 個分
生地
もっちり生地の基本材料 (P4参照)

具材
ピザソース ································ 60g
ピザ用チーズ ························· 60g
ベーコン（厚切り）
 ····················· 60g（1cm角に切る）

【 その他 】
つや出し用／オリーブオイル···· 適量

STEP 2 分割 & ベンチタイム ⏱ 10 分

生地を 4 分割し（P9 参照）、とじ目を下にして置き、ラップをかけ、室温で 10 分休ませる。

STEP 3 成形

1 — 15cm

台に打ち粉（強力粉）をふって、生地のとじ目を上にして置き、めん棒で直径15cmくらいにのばす。

2 — 1〜2cm

生地の右半分に1〜2cmくらい余白を残してピザソースをぬり、チーズとベーコンをのせる。

3 —

生地の左側をカードではがし、右側に重ね、ふちの合わせ目を親指のつけ根で押さえてとじる。クッキングシートを敷いた天板に並べる。

STEP 4 最終発酵 🌡 室温 ⏱ 10 分

発酵後の状態

オーブンの予熱を開始する。ラップをかけて最終発酵させる。室温に置き、表面のハリがなくなったらOK。

焼く直前にオリーブオイルをハケでぬる。

STEP 5 焼成 🌡 220℃ ⏱ 15〜18 分

オーブンの下段に入れて焼く。焼き上がったら網にのせてさます。

もっちり生地は、ナンにもなるんです。オーブンではなく、フライパンで焼きます。今日のカレーは、ナンと一緒に本格的に楽しむことだってできちゃいます。

Naan

フライパンで作るナン

【 材料 】2 個分
生地
もっちり生地の基本材料(P4参照)

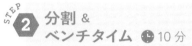

STEP **2** 分割 &
ベンチタイム　🕐10 分

生地を 2 分割し(P8 参照)、とじ目を下にして置き、ラップをかけ、室温で 10 分休ませる。

STEP **3** 成形

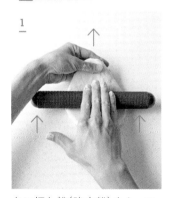

__1__

台に打ち粉(強力粉)をふって、生地のとじ目を上にして置く。手のひらで軽く平らにしたら、めん棒を中心に押し当てて転がしながら生地の上を少し手で引いてのばす。

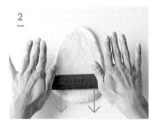

__2__

生地の下の方もめん棒を転がしてのばす。

__3__

16cm　24cm

全体を均等な厚さにのばし、16×24cm くらいの細長いナンの形にする。

STEP **4** 最終発酵　🌡室温　🕐10 分

ラップをかけて室温で最終発酵させる。表面のハリがなくなるくらいが目安。

STEP **5** 焼成　🕐弱火で裏表それぞれ 5 分

フライパンにサラダ油(分量外)を薄く広げ、ナンをのせる。弱火で 5 分焼き、焼き色がついたら裏返し、さらに 5 分焼く。

Grilled cheese curry bread

焼きチーズ カレーパン

MOVIE

揚げずに作るカレーパンです。ポイントは、パン粉をあらかじめフライパンで乾煎りして焼き色をつけておくこと。これを生地にまぶして焼くことでこんがりおいしそうなカレーパンに。

【 材料 】6 個分
生地
もっちり生地の基本材料(P4参照)
具材
カレー ····················1 食分(200g)
粉末マッシュポテト ··············20g
ピザ用チーズ ···························60g

【 その他 】
パン粉 ······························30g
溶き卵 ······························適量

【 下準備 】
1 カレーとマッシュポテトを混ぜ合わせる。
2 パン粉はフライパンで乾煎りして焼き色をつける。

STEP **2** **分割 & ベンチタイム** 🕐 10 分

生地を 6 分割し(P9 参照)、とじ目を下にして置き、ラップをかけ、室温で 10 分休ませる。

STEP **3** **成形**

1
15cm
2～3cm
12cm

台に打ち粉(強力粉)をふって、生地のとじ目を上にして置き、めん棒で 12×15㎝くらいのだ円形にのばし、上半分に周囲を 2～3㎝あけてチーズ、カレーの順にのせる。手前から向こう側に半分に折る。

2

合わせ目を指でつまんでとじ、カレーパンの形に整えたら溶き卵をつけ、パン粉を全体にまぶし、クッキングシートを敷いた天板にとじ目を下にしてのせる。

STEP **4** **最終発酵** 🌡 40℃ 🕐 40～50 分

発酵後の状態

ラップをかけて最終発酵させる。オーブンの発酵機能を利用し、ひと回り大きくなればOK。発酵終了後、生地を取り出し、オーブンの予熱を開始する。

STEP **5** **焼成** 🌡 190℃ 🕐 12～15 分

オーブンの下段に入れて焼く。焼き上がったら網にのせてさます。

焼き鳥缶を使って簡単にできるお総菜パンです。もっちりした生地と甘めのてりやき味、こってりしたマヨネーズは相性抜群。他の缶詰を使っていろいろな総菜パンを作ってもGood!

Teriyaki mayonnaise bread
てりやきマヨパン

MOVIE

【 材料 】6個分

生地
もっちり生地の基本材料(P4 参照)

具材
焼き鳥缶………………………………4缶

【 その他 】
つや出し用／溶き卵 ……………… 適量
マヨネーズ …………………………… 適量
刻みのり ……………………………… 適量
アルミカップ(直径 7.5cm)………6枚

STEP 2 分割 & ベンチタイム ⏱10 分

生地を 6 分割し(P9 参照)、とじ目を下にして置き、ラップをかけ、室温で 10 分休ませる。

STEP 3 成形

10cm

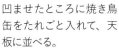

生地のとじ目を上にして置き、手またはめん棒で直径 10cm くらいに広げる。

アルミカップに生地を入れ、中央を凹ませる。

凹ませたところに焼き鳥缶をたれごと入れて、天板に並べる。

STEP 4 最終発酵 🌡40℃ ⏱30〜40 分

発酵後の状態

ラップをかけて最終発酵させる。オーブンの発酵機能を利用し、ひと回り大きくなればOK。発酵終了後、生地を取り出し、オーブンの予熱を開始する。

焼く直前に溶き卵をハケでふちの部分にぬる。

STEP 5 焼成 🌡200℃ ⏱10〜12 分

オーブンの下段に入れて焼く。焼き上がりの 2 分前に一旦取り出し、マヨネーズをかけ、再び200℃のオーブンで残り時間も焼く。焼き上がったら網にのせてさまし、刻みのりをふる。

Sweet rolls
スイートロール

*40_* コーヒーロール　*41_* 甘栗ロール

*42_* 焼きいもロール　*43_* シナモンロール

〜 MOVIE 〜

具材をぬってくるくると巻いた生地を切り分けて作るロールパンです。定番のシナモンロール、コーヒーロールはもちろん、和風の焼きいもロールと甘栗ロールのレシピにも注目です。

【 材料 】6 個分

コーヒーロール

生地

もっちり生地の基本材料(P4 参照)

*インスタントコーヒー5gを水(ぬるま湯)に加える

〈ミルクバタークリーム〉

A | バター（食塩不使用）‥50g
　| グラニュー糖 ‥‥‥‥‥ 30g
　| スキムミルク ‥‥‥‥‥25g

〈コーヒーアイシング〉

粉糖‥‥‥‥‥‥‥‥‥‥‥‥‥‥20g

インスタントコーヒー‥‥‥‥‥‥2g

ぬるま湯‥‥‥‥‥‥‥‥‥‥‥2g〜

トッピング

コーヒーチョコレート ‥‥‥6〜12粒

【 下準備 】

バターを室温に戻して、Aを混ぜ合わせる。

甘栗ロール

生地

もっちり生地の基本材料(P4 参照)

〈マロンクリーム〉

A | マロンペースト ‥‥‥‥‥‥‥80g
　| バター(食塩不使用) ‥‥‥‥8g
　| 牛乳‥‥‥‥‥‥‥‥‥‥‥‥6g

むき甘栗‥‥‥‥60g+15g(仕上げ用)

【 その他 】

アーモンドスライス ‥‥‥‥‥‥20g

粉糖‥‥‥‥‥‥‥‥‥‥‥‥‥‥適量

【 下準備 】

1　バターを室温に戻して、Aを混ぜ合わせる。

2　むき甘栗は5mmくらいの大きさに切る。

シナモンロール

生地
もっちり生地の基本材料(P4参照)

〈シナモンバター〉

A
- バター(食塩不使用) ………… 30g
- グラニュー糖 …………………… 30g
- シナモンパウダー ……………… 6g

〈アイシング〉

粉糖 ……………………………… 15g
水 …………………………………… 1〜2g

【下準備】

バターを室温に戻して、Aを混ぜ合わせる。

焼きいもロール

もっちり生地の基本材料(P4参照)
 ＊水の量を150gに変更
 ＊紫いもパウダー25gを粉類に加える

具材
焼きいも ………………………… 90g

〈クリームチーズ〉

A
- クリームチーズ ………………… 90g
- グラニュー糖 …………………… 20g

【その他】

黒いりごま ……………………… 適量

【下準備】

1 焼きいもは5mm角に切る。
2 Aは混ぜ合わせる。

【その他／共通】

つや出し用／溶き卵 …………… 適量
ペットカップ(直径7.5cm) ……… 6枚

STEP 2 ベンチタイム ⏱10分

生地は分割せず丸め(P9参照)、とじ目を下にして置き、ラップをかけ、室温で10分休ませる。

STEP 3 成形

写真はシナモンロール

1
台に打ち粉(強力粉)をふって、生地をとじ目を上にして置き、めん棒で18×36cmくらいの大きさに広げる。

2
上3cmを残し、Aを均一にぬり広げる。そのあとで甘栗ロールはむき甘栗を焼きいもロールは焼きいもを均一にのせる。

3
手前を少し折って芯にし、向こう側にくるくると巻いていく。巻いている途中で両端の生地がずれていかないように注意。

4
巻き終わりをつまんでとじる。

5
包丁で6等分に切り分ける。

6
ペットカップにのせ、ラップをかけて、厚みが半分くらいになるまでつぶし、天板に並べる。

STEP 4 最終発酵 🌡40℃ ⏱40〜50分

発酵後の状態

ラップをかけて最終発酵させる。オーブンの発酵機能を利用し、ひと回り大きくなればOK。発酵終了後、生地を取り出し、オーブンの予熱を開始する。

焼く直前に溶き卵をハケでぬる。甘栗ロールはアーモンドスライスと仕上げ用の栗をのせ、焼きいもロールは黒ごまをちらす。

STEP 5 焼成 🌡160℃ ⏱15〜18分

オーブンの下段に入れて焼く。焼き上がったら網にのせてさまし、シナモンロールとコーヒーロールはアイシングを作って(P12参照)かけ、コーヒーロールのみコーヒーチョコレートをのせる。甘栗ロールは粉糖をふる。

Sugar-top raisin bread

レーズンシュガートップ

生地のてっぺんにハサミを入れること
で、お花のようなかわいい見た目に。
ざくっとしたシュガーの食感を楽しんで
ください。

【 材料 】6個分
生地
もっちり生地の基本材料(P4 参照)

具材
レーズン ································80g
（湯通しして水気を拭き取る）

【 その他 】
パールシュガー、または
　グラニュー糖、ざらめ ·········· 適量
つや出し用／溶き卵················ 適量

STEP 2　分割 & 成形

生地にレーズンを混ぜ込んでから
（混ぜ込みの仕方はP11参照）
6 分割する(P9 参照)。

分割して丸めたものをとじ目を下にして
クッキングシートを敷いた天板に並べ
る。このとき、なるべくレーズンが生地
の内側にくるように丸めると、焼成する
ときに焦げにくくなるので◎。

STEP 3　最終発酵 🌡40℃ ⏱40〜50 分

発酵後の状態

ラップをかけて最終発
酵させる。オーブンの発
酵機能を利用し、ひと回
り大きくなればOK。発
酵終了後、生地を取り出
し、オーブンの予熱を開
始する。

発酵が終わったら、溶き卵を
ハケでぬる。

キッチンバサミの先で十字に切
り込みを入れ、パールシュガ
ーをのせる。

STEP 4　焼成 🌡190℃ ⏱15〜18 分

オーブンの下段に入れて焼く。焼き上がったら網にのせてさます。

ころんとした形とやさしい味わいが特徴の黒糖パン。黒糖とカラメルを入れることで、生地を褐色に。素朴だけどあとをひくおいしさです。

45

Brown sugar bread

黒糖パン

◦MOVIE◦

【 材料 】5個分

生地
もっちり生地の基本材料(P4参照)
　＊砂糖を黒糖8gに変更
　＊市販のカラメルソース20gを
　STEP 1の工程4のときに加える

STEP 2 分割 & ベンチタイム ⏱10 分

生地を5分割し(P9参照)、とじ目を下にして置き、ラップをかけ、室温で10分休ませる。

STEP 3 成形

6cm
20cm

台に打ち粉(強力粉)をふって、生地をとじ目を上にして置き、めん棒で20×6cmくらいの大きさにのばす。

手前を少し折って芯にし、向こう側にくるくると巻いていき、巻き終わりをつまんでとじる。打ち粉を表面にまぶしながら24cmくらいの長さまで、手のひらで転がして棒状にする。

棒状にした生地を指にひっかけて輪を作り、中に片方の端を通してひと結びにする。

両端を後ろでつまんでとじ、とじ目を下にしてクッキングシートを敷いた天板に並べる。

STEP 4 最終発酵 🌡40℃ ⏱30〜40 分

発酵後の状態

ラップをかけて最終発酵させる。オーブンの発酵機能を利用し、ひと回り大きくなればOK。発酵終了後、生地を取り出し、オーブンの予熱を開始する。

STEP 5 焼成 🌡200℃ ⏱14 〜16 分

オーブンの下段に入れて焼く。焼き上がったら網にのせてさます。

ころっとかわいいおやつサイズの甘いパン。口に入れるとジュワーッと溶けたはちみつバターの風味が広がります。

Honey butter bread

はちみつバターパン

- MOVIE -

46

【 材料 】6個分
生地
もっちり生地の基本材料(P4参照)
具材
バター ……………………………60g
はちみつ ……………………………20g

【 その他 】
粉糖……………………………………適量
アルミカップ(直径5.7cm)………6枚

【 下準備 】
はちみつバターを作る。バターは室温に戻し、はちみつを混ぜ合わせる。冷蔵庫で冷やし固め(固まっていないと生地に油分がついてとじられなくなるので注意)、6等分に分ける。

 分割 & ベンチタイム ⏱10分

生地を6分割し(P9参照)、とじ目を下にして置き、ラップをかけ、室温で10分休ませる。

STEP 3 成形

とじ目を上にして生地を手で直径10cmくらいに広げ、はちみつバターをのせる。

生地の左右を引っ張りながらとじる。間の生地も中心に集めていってはちみつバターを包む。

最後はつまんでしっかりとじる。

とじ目を下にしてアルミカップにのせ、天板に並べる。

STEP 4 最終発酵 🌡室温 ⏱30〜40分

発酵後の状態

オーブンの予熱を開始する。ラップをかけて最終発酵させる。室温で、ひと回り大きくなればOK。

STEP 5 焼成 🌡150℃ ⏱15〜18分

オーブンの下段に入れて焼く。焼き上がったら網にのせてさまし、茶こしで粉糖をふりかける。

コーンスープの素を粉類に加えて作る変わり種パン。生地にコーン缶も入っているのでコーン好きには絶対作ってほしいパンです。

Corn potage bread

コーンポタージュパン

·MOVIE·

【 材料 】6個分

生地

もっちり生地の基本材料(P4参照)
　＊コーンスープの素18g(1食分)と水気を切ったコーン缶80gを粉類に加える。

【 その他 】

コーングリッツ ………………………… 適量
仕上げ用／バター(食塩不使用)
………………………………………………… 18g
アルミカップ(直径 5.7cm)……… 6枚

STEP 2 分割 & 成形

1

打ち粉(強力粉)をまぶしながら生地を6分割(P9参照)して丸める。

2

全体に霧吹きで水を吹きかける。

3

コーングリッツを全体にまぶす。

4

とじ目を下にしてアルミカップに入れ、天板に並べる。

STEP 3 最終発酵　🌡40℃　⏱40〜50分

発酵後の状態

ラップをかけて最終発酵させる。オーブンの発酵機能を利用し、ひと回り大きくなればOK。発酵終了後、生地を取り出し、オーブンの予熱を開始する。

発酵後に中央に1本、5mm深さの切り込み(クープ)を入れ、切り込みに3gずつに分けたバターをのせる。

STEP 4 焼成　🌡180℃　⏱13〜16分

オーブンの下段に入れて焼く。焼き上がったら網にのせてさます。

オニオンロール／ツナマヨロール

MOVIE

たっぷりの玉ねぎを生地の中に入れたオニオンロール。発酵後にかけるチーズがこんがりおいしくて満足感大の一品です。

48

ツナ×コーン×マヨの組み合わせで子どもも大好きなパン。焼成の途中でかけるマヨネーズはお好みの形にかけてください。

49

【 材料 】1 個分

オニオンロール

生地
もっちり生地の基本材料(P4参照)

具材
玉ねぎ………………… 60g(薄切り)
ブロックベーコン
　………………40g(さいの目切り)
プロセスチーズ…20g(さいの目切り)
ピザ用チーズ…………………………20g

トッピング
ドライパセリ …………………… 適量

ツナマヨロール

生地
もっちり生地の基本材料(P4参照)

具材
A｜ツナ缶……………………………60g
　｜マヨネーズ………………… 適量
　｜コーン缶 ………30g(水気を切る)

【 その他／共通 】
パウンド型
　(横17.5×縦 8×高さ6cm)

STEP 2 分割 & ベンチタイム ⏱10 分

生地は分割せず丸め(P9参照)、とじ目を下にして置き、
ラップをかけ、室温で 10 分休ませる。

STEP 3 成形

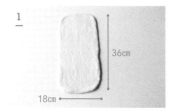

1

36cm
18cm

台に打ち粉(強力粉)をふって、生
地をとじ目を上にして置き、めん棒
で 18×36cmくらいの大きさに広
げる。

2

3cm　3cm

オニオンロールは上 3cmを残し、
玉ねぎ、ベーコン、プロセスチーズ
を均一にのせる。ツナマヨロールも
同様に、上 3cmを残して混ぜ合わ
せた**A**を均一にぬり広げる。

3

手前を少し折って芯にし、向こう側
にくるくると巻いていく。

4

巻き終わりをつまんでとじる。

5

包丁で 4 等分に切り分ける。

6

断面を上にしてバター(食塩不使用・
分量外)をぬるかクッキングシートを
敷いたパウンド型に並べる。

STEP 4 最終発酵 🌡40℃ ⏱40〜50 分

発酵後の状態

ラップをかけて最終発酵させる。オーブンの
発酵機能を利用し、型の8〜9割くらいまで
大きくなればOK。発酵終了後、生地を取り
出し、下段に天板を入れてオーブンの予熱を
開始する。

オニオンロールはピザ用チーズをのせる。

STEP 5 焼成 🌡200℃ ⏱16〜18 分

オーブンの下段の天板に型をのせて焼く。ツナマヨロールは焼き上がりの
2 分前に一旦取り出し、マヨネーズ(分量外)をかけ、残りの時間も焼く。
焼き上がったら網にのせてさます。オニオンロールはドライパセリをちらす。

円状にして焼いたパンを一緒に焼いてとろとろにしたチーズにつけて食べるチーズフォンデュのようなパンです。ぜひ熱々で食べてくださいね！

50

Cheese fondue dinner rolls
チーズフォンデュちぎりパン

【材料】2個分
生地
もっちり生地の基本材料(P4参照)

【その他】
ピザ用チーズ………………………約30g
タイム……………………………… 適量
スキレット(直径 15cm)

STEP 2 分割 & 成形

1

16 分割して丸め、とじ目を下にして置く。

2

直径 15cmのスキレットなどにとじ目を下にして 8 個ずつ丸く並べる。

STEP 3 最終発酵 🌡40℃ ⏱30〜40 分

発酵後の状態

スキレットのままラップをかけて最終発酵させる。オーブンの発酵機能を利用し、ひと回り大きくなればOK。発酵終了後、生地を取り出し、下段に天板を入れてオーブンの予熱を開始する。

焼く前に中心にチーズをのせる。

STEP 4 焼成 🌡200℃ ⏱12〜15 分

オーブンの下段の天板にスキレットをのせて焼く。仕上げにタイムをのせる。

PART

3

HARD BREAD DOUGH

ハード生地の
パン

いわゆるフランスパンのような表面がバリッと、中はもっちりのパンが焼けます。
奥深いハード生地ですが、実は簡単なレシピもあるので、初心者さんも必見です。
基本の材料はP4、生地の作り方はP5を参照してください。

フランスパンの一種で人気の田舎風の
パン。発酵かごがなくても、ご家庭に
あるざるでも作れます！ プレーンはも
ちろん、アレンジもおすすめです！

STEP 2 ベンチタイム ⏱10分

プレーンはそのまま、抹茶ホワイトチョコとオレンジショコラは生地に**A**を混ぜ込んでから（混ぜ込みの仕方はP11参照）、分割せず丸め（P10参照）、とじ目を下にして置き、表面に打ち粉（強力粉）をしてラップをかけ、室温で10分休ませる。

【 材料 】1個分

プレーン

生地
ハード生地の基本材料(P4参照)

抹茶ホワイトチョコ

生地
ハード生地の基本材料(P4参照)
　＊水の量を160gに変更
　＊抹茶6gを粉類に加える

具材
A｜ホワイトチョコ‥‥‥‥‥‥‥ 60g

オレンジショコラ

生地
ハード生地の基本材料(P4参照)
　＊水の量を160gに変更
　＊ココアパウダー10gを粉類に加える

具材
A｜チョコチップ‥‥‥‥‥‥‥‥30g
　｜オレンジピール‥‥‥‥30g(刻む)

【 その他／共通 】

米粉‥‥‥‥‥‥‥‥‥‥‥‥‥ 適量
発酵かご、またはざる(直径18cm)

STEP 3 成形

写真はプレーンの生地

1 20cm

台に打ち粉（強力粉）をふって生地をとじ目を上にして置き、手で直径20cmくらいに広げる。

2

カードで上端をめくり、手で円の中心へ折りたたみ、指でギュッと押さえる。

3

時計回りに端を持ち上げ、中心に重ねて同様に押さえる。

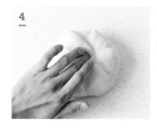
4

丸くなるよう、時計回りに5〜6回繰り返し折り重ね、生地が集まった中心をつまんでしっかりとじる。

5

発酵かご（なければざるでもOK）に茶こしで米粉をふるい、生地をとじ目が上に向くように入れる。

STEP 4 最終発酵 🌡40℃ ⏱40〜50分

発酵後の状態

ラップをかけて最終発酵させる。オーブンの発酵機能を利用し、ひと回り大きくなればOK。発酵終了後、生地を取り出し、オーブンの下段に天板を1枚入れ、予熱を開始する。スチーム用の熱湯を200ml用意しておく。

STEP 5 焼成 🌡250℃ ⏱25分（スチーム）

予熱終了後、とじ目を下にしてクッキングシートを敷いた天板に移し、切り込み（クープ）を十字に入れる（クープの入れ方はP9参照）。深さは3〜5mmを目安に。オーブンの下段の天板に200mlの熱湯を入れる（スチームの入れ方はP9参照）。生地は上段に入れて焼く。

フランス語で「杖」や「棒」という意味があるバゲット。表面のザクザクした食感と中のもっちり感をおうちでも再現。バゲットはシンプルだけど奥深いパンの一つです。

STEP 2 分割＆ ベンチタイム ⏱10分

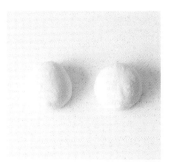

▶ ─────────────
【材料】2個分
生地
ハード生地の基本材料(P4参照)
【その他】
米粉……………………………適量
▶ ─────────────

生地を2分割し(P8参照)、と
じ目を下にして置き、表面に打
ち粉(強力粉)をしてラップをか
け、室温で10分休ませる。

STEP 3 成形

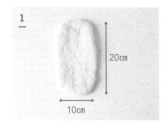

1

20cm
10cm

台に打ち粉(強力粉)をふって、
生地をとじ目を上にして置き、め
ん棒で10×20cmくらいに広げる。

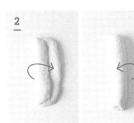

2

左右から生地を折り、三つ折り
にする。右側は引っ張るようにし
て上から下に少しずつ生地を重
ね、合わせ目を手で押さえる。

3

半分に折りやすいように中央を
指で押さえて凹みを作っておく。

4

凹みをつけたところで半分に折
り、軽く押さえる。気泡が抜け
ないように、合わせ目の部分の
みを親指のつけ根でギュッと押さ
えてとめる。

5

長さが足りない場合は、手で転
がして20cmの長さにする。とじ
目を下にして台に置き、茶こしで
米粉をふる。

6

23cm幅に切ったクッキングシー
トにとじ目を下にして生地をの
せ、シートの端を合わせてホチ
キスでとめる。

STEP 4 最終発酵 🌡40℃ ⏱20〜30分

発酵後のシートをあけた状態

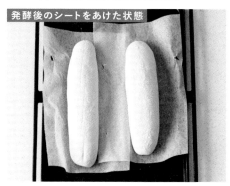

クッキングシートに包んだ状態で最終発酵させ
る。オーブンの発酵機能を利用し、ひと回り大き
くなればOK。発酵終了後、生地を取り出し、シー
トをあけて表面を乾かしておく。オーブンの下
段に天板を1枚入れ、予熱を開始する。スチー
ム用の熱湯を200ml用意しておく。

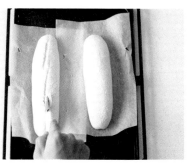

予熱終了後、斜めに3本 3〜5mm深さの切り込み
(クープ)を入れる(クープの入れ方はP9参照)。ク
ープナイフを使うか、なければ新しいカミソリでも
よい。

STEP 5 焼成 🌡250℃ ⏱30分(スチーム)

オーブンの下段の天板に200mlの熱湯を入
れる(スチームの入れ方はP9参照)。生地は
オーブンの上段に入れて焼く。

ソーセージフィセル

⑤⑤

カリモチッとした食感のパンと
ジューシーなソーセージの組み
合わせは最強！　生地にぬる粒
マスタードの風味も効いていて、
お酒とともに楽しんでも◎。

STEP ② ベンチタイム ⏱10分

生地は分割せずに丸め、とじ目を下にして置き、表面に打ち粉(強力粉)をしてラップをかけ、室温で10分休ませる。

【 材料 】6個分
生地
ハード生地の基本材料(P4参照)
具材
ロングソーセージ
　(水分は拭きとっておく)…… 12本
　(または短いソーセージ 24本)
粒マスタード ………………………… 適量
【 その他 】
米粉………………………………………… 適量

STEP ③ 成形

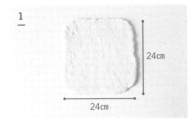

1

24cm
24cm

台に打ち粉(強力粉)をふって生地をとじ目を上にして置き、めん棒で24×24cmくらいに広げる。

2

カードで縦6等分に切り分ける。最初にカードで薄くガイドラインを引いてから切り分けると等分にしやすい。

3

生地を縦に置いて、粒マスタードをスプーンなどでぬる。あとで生地同士をくっつける左右の端は少し余白を残しておく。

4

ソーセージを2本縦にのせ、生地の上下を1〜2cmほど折り返す(短いソーセージを使う場合は4本)。

5

左右の生地をカードなどで台からはがす。

6

両端から少しずつ生地を重ね、合わせ目を手でつまみ、ソーセージを包み込む。とじ目を下にしてクッキングシートを敷いた天板に並べ、表面に米粉をふる。

STEP ④ 最終発酵 🌡40℃ ⏱20〜30分

発酵後の状態

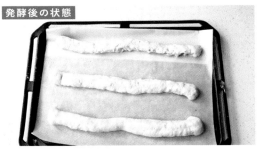

ラップをかけて最終発酵させる。オーブンの発酵機能を利用し、ひと回り大きくなればOK。発酵終了後、生地を取り出し、オーブンの下段に天板を1枚入れ、予熱を開始する。スチーム用の熱湯を200㎖用意しておく。

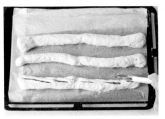

予熱終了後、斜めに5本、ソーセージが見えるくらいの深さまで切り込み(クープ)を入れる(クープの入れ方はP9参照)。クープナイフを使うか、なければ新しいカミソリでもよい。

STEP ⑤ 焼成 🌡230℃ ⏱20〜25分(スチーム)

オーブンの下段の天板に200㎖の熱湯を入れる(スチームの入れ方はP9参照)。生地はオーブンの上段に入れて焼く。

エピとは、フランス語で「麦の穂」のこと。生地にざっくり切り込みを入れるので、手でちぎって食べることも。定番のベーコンとしょうゆチーズの2種のレシピをご紹介します。

STEP 2 分割 & ベンチタイム ⏱10分

生地を4分割し（P9参照）、とじ目を下にして置き、表面に打ち粉（強力粉）をしてラップをかけ、室温で10分休ませる。

【 材料 】4個分

ベーコン
生地
ハード生地の基本材料（P4参照）
具材
ベーコン（薄切り）………………… 4枚

しょうゆチーズ
生地
ハード生地の基本材料（P4参照）
具材
プロセスチーズ…60g（5mm角に切る）

トッピング
白いりごま……………………… 適量
しょうゆ………………………… 適量

【 その他 】
米粉……………………………… 適量

STEP 3 成形　写真はベーコンの生地

1

20cm

台に打ち粉（強力粉）をふって、生地をとじ目を上にして置き、めん棒でベーコンの長さ（20cmくらい）に合わせてのばす。

2

しょうゆチーズの場合

生地にベーコンをのせ、三つ折りにする。このとき、しょうゆチーズはプロセスチーズをのせて三つ折りにする。

右側は引っ張るようにして上から下に少しずつ生地を重ねる。

3

しょうゆチーズの場合

合わせ目を親指のつけ根で押さえてとじる。とじ目を下にして台に置き、茶こしで米粉をふる。しょうゆチーズは、とじ目を下にして台に置き、米粉はふらず、霧吹きで水を吹きかけ、白ごまをまとわせる。クッキングシートを敷いた天板に並べる。

STEP 4 最終発酵 🌡40℃ ⏱20〜30分

発酵後の状態

ラップをかけて最終発酵させる。オーブンの発酵機能を利用し、ひと回り大きくなればOK。発酵終了後、生地を取り出し、オーブンの予熱を開始する。

発酵後、キッチンバサミを寝かせて2〜3cm間隔で斜めに深い切り込みを入れ（天板につくくらい）、左右に振り分ける。1回切ったら右へ、2回目は左へと交互に。

STEP 5 焼成 🌡230℃ ⏱16〜18分

オーブンの下段に入れて焼く。しょうゆチーズは焼き上がったら、しょうゆをハケで全体にぬる。

発酵させた生地をカットして、手で引っ張るだけでカリッカリのグリッシーニが完成。生ハムを巻いたり、ワインのお供にもぴったりです。

Grissini
グリッシーニ
*58*_粉チーズ *59*_プレーン
*60*_黒こしょう

【 材料 】約 20 本分

プレーン

生地
ハード生地の基本材料(P4 参照)

黒こしょう

生地
ハード生地の基本材料(P4 参照)
　　*黒こしょう 3gを粉類に混ぜ込む

粉チーズ

生地
ハード生地の基本材料(P4 参照)
　　*粉チーズ 20gを粉類に混ぜ込む

STEP 2 ベンチタイム ⏱10 分

生地は分割せず丸め、とじ目を下にして置き、表面に打ち粉(強力粉)をしてラップをかけ、室温で 10 分休ませる。

STEP 3 成形

台に打ち粉(強力粉)をふって生地を置き、めん棒で 20 × 12㎝くらいに広げる。そのままクッキングシートを敷いた天板にのせる。

STEP 4 最終発酵 🌡40℃ ⏱20 分

発酵後の状態

ラップをかけて最終発酵させる。オーブンの発酵機能を利用し、ひと回り大きくなればOK。発酵終了後、生地を取り出し、オーブンの予熱を開始する。

1

2

発酵後の生地をカードで 1㎝幅に切り、上下を手で引っ張り、25〜30㎝くらいまでのばす。くっついてしまう場合は、打ち粉(強力粉)をまぶしながらやる。

全部のばしたら、天板に並べる。

STEP 5 焼成 🌡200℃ ⏱20〜23 分

オーブンの下段に入れて焼く。焼き上がったら網にのせてさます。

Ciabatta ━━━
チャバタ

61

イタリアの食事パン、チャバタ。成形は生地をざっくり切るだけでOKなので、初心者だけでなく、ズボラさんや不器用さんでもチャレンジしやすいハードパンです。

STEP 2　ベンチタイム 🕐 10 分

生地は分割せず丸め、とじ目を下にして置き、表面に打ち粉(強力粉)をしてラップをかけ、室温で 10 分休ませる。

【 材料 】6 個分

生地	その他
ハード生地の基本材料(P4 参照)	米粉...........................適量
*水の量を170gに変更	

STEP 3　成形

1
12cm
18cm

台に打ち粉(強力粉)をふって生地を置き、めん棒で18×12㎝くらいに広げる。

2

カードで 6 つに切り分ける。形や大きさは多少バラつきがあってもOK。

3

茶こしで米粉をふり、クッキングシートを敷いた天板に並べる。

STEP 4　最終発酵 🌡 40℃ 🕐 30〜40 分

発酵後の状態

ラップをかけて最終発酵させる。オーブンの発酵機能を利用し、ひと回り大きくなればOK。発酵終了後、生地を取り出し、オーブンの下段に天板を 1 枚入れ、予熱を開始する。

予熱終了後、斜めに 1 本 3〜5mm 深さの切り込み(クープ)を入れる(クープの入れ方はP9 参照)。

STEP 5　焼成 🕐 250℃ 🕐 20〜23 分(スチーム)

オーブンの下段の天板に 200㎖の熱湯を入れる(スチームの入れ方はP9 参照)。生地はオーブンの上段に入れて焼く。

ガーリックフランス／
明太子フランス

~MOVIE~

62

小さめのバゲットにパスタソースで簡単
に味付けするだけで、パン屋さんの人
気メニューに。かぶりついた瞬間、も
っちりした生地からおいしいソースがじ
ゅんわり染み出てくるのが至高です。

63

STEP 2 分割 & ベンチタイム ⏱10分

生地を3分割し(P8参照)、とじ目を下にして置き、表面に打ち粉(強力粉)をしてラップをかけ、室温で10分休ませる。

【 材料 】3個分

ガーリックフランス
生地
ハード生地の基本材料(P4参照)
トッピング
ペペロンチーノのパスタソース
　　　　　　　　　　　　　　……………2食分

明太子フランス
生地
ハード生地の基本材料(P4参照)
トッピング
明太子のパスタソース…………2食分
【 その他／共通 】
米粉……………………………適量

STEP 3 成形

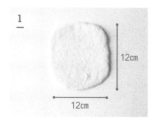
1

台に打ち粉(強力粉)をふって生地をとじ目を上にして置き、めん棒で12×12cmくらいに広げる。

2

左右から生地を折り、三つ折りにする。

3

生地をさらに半分に折り、とじ目はつまんでとめる。とじ目を下にして置き、茶こしで米粉をふる。

4

15×15cmに切ったクッキングシートにとじ目を下にして生地をのせ、上端をホチキスでとめる。

STEP 4 最終発酵 🌡40℃ ⏱20〜30分

発酵後のクッキングシートをあけた状態

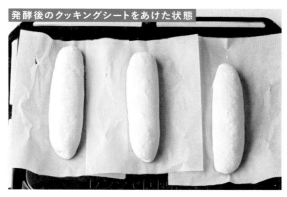

4を天板にのせ、最終発酵させる。オーブンの発酵機能を利用し、ひと回り大きくなればOK。発酵終了後、生地を取り出し、シートをあけて表面を乾かしておく。オーブンの下段に天板を1枚入れ、予熱を開始する。スチーム用の熱湯を200㎖用意しておく。

予熱終了後、中央に1本3〜5mm深さの切り込み(クープ)を入れる(クープの入れ方はP9参照)。クープナイフを使うか、なければ新しいカミソリでもよい。

STEP 5 焼成 🌡240℃ ⏱17〜20分(スチーム)

オーブンの下段の天板に200㎖の熱湯を入れる(スチームの入れ方はP9参照)。生地はオーブンの上段に入れて焼く。

15分経ったら一度取り出し、明太子またはペペロンチーノのソースをぬり、再び240℃のオーブンで2分〜焼く。焼き上がったら明太子フランスは付属ののりをふる。

64

65

生地に切り込みを入れて手で広げることで、大胆な葉っぱ形のパンに。フーガスは南フランスのプロヴァンス地方で日常的に食べられているパンです。

STEP 2 分割 & ベンチタイム ⏱10分

生地を2分割し（P8参照）、とじ目を下にして置き、表面に打ち粉（強力粉）をしてラップをかけ、室温で10分休ませる。

【材料】2個分		チーズ
オリーブ		生地
生地		ハード生地の基本材料(P4参照)
ハード生地の基本材料(P4参照)		具材
具材		ピザ用チーズ………………………50g
オリーブ(スライス)……………50g		【その他／共通】
		つや出し用／オリーブオイル
		……………………………………適量

STEP 3 成形

台に打ち粉（強力粉）をふって、生地をとじ目を上にして置き、めん棒で直径20cmくらいに広げたら、右半分に半量ずつオリーブまたはチーズをのせる。

左半分の生地をカードではがし、右側にかぶせる。重なった端を親指のつけ根でギュッと押さえてとじる。

クッキングシートを敷いた天板に並べ、葉の形になるように整えたら、カードで葉脈状に切り込みを入れる。左右の切り込みが対称になるように。

切り込みを入れたところを手で開く。

STEP 4 最終発酵 🌡室温 ⏱10分

発酵後の状態

オーブンの予熱を開始する。ラップをかけて最終発酵させる。室温に置き、生地のハリがなくなったらOK。

発酵が終わったら表面にオリーブオイルをハケでぬる。

STEP 5 焼成 🌡230℃ ⏱20〜23分

オーブンの下段に入れて焼く。焼き上がったらもう一度オリーブオイルをハケでぬり、網にのせてさます。

66

67

具材を挟むだけの大胆さなのに、ねじって焼くとどこかおしゃれな仕上がりに。焼きたては具材の風味がより際立ちます。

STEP 2 分割 & ベンチタイム ⏱10分

生地は分割せずに丸め、とじ目を下にして置き、表面に打ち粉(強力粉)をしてラップをかけ、室温で10分休ませる。

【材料】4個分

オニオンカレー

生地
ハード生地の基本材料(P4参照)

具材
A ┌ 玉ねぎ(スライス)…………60g
  └ カレー粉…………………………3g

【下準備】
玉ねぎとカレー粉を合わせる。

枝豆カマンベール

生地
ハード生地の基本材料(P4参照)

具材
A ┌ カマンベールチーズ
  │ ……………30g(5mm角に切る)
  └ 枝豆(むき身)……………………30g

【その他/共通】
米粉……………………………………適量

STEP 3 成形

写真はオニオンカレー

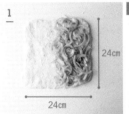

枝豆カマンベールの場合

1
24cm / 24cm

台に打ち粉(強力粉)をふって、生地をとじ目を上にして置き、めん棒で24×24cmくらいにのばしたら、右半分にAを全量のせる。

2

左半分の生地の下に米粉をのせたカードを差し入れて、台からはがす。

3

左側の生地を右側にかぶせる。重なった端を指先でギュッと押さえてとじる。

4

上から手のひらで全体的に押さえる。上下の生地をくっつけるイメージで。

5

表面に茶こしで米粉をふり、カードで縦4等分に切り分ける。

6

クッキングシートを敷いた天板に並べ、中央を1回、左右をそれぞれ1回ずつ、計3回ねじる。

STEP 4 最終発酵 🌡40℃ ⏱20〜30分

発酵後の状態

ラップをかけて最終発酵させる。オーブンの発酵機能を利用し、ひと回り大きくなればOK。発酵終了後、生地を取り出し、オーブンの予熱を開始する。

STEP 5 焼成 🌡240℃ ⏱20〜25分

オーブンの下段に入れて焼く。焼き上がったら網にのせてさます。

ザクッとした歯ごたえのパンの中から、とろっと溢れ出す熱々のグラタン。焼きたての最高の状態を楽しめるのは、おうちで焼くパンだからこそです。

68

STEP 2 分割 & ベンチタイム ⏱10分

生地を6分割し(P9参照)、とじ目を下にして置き、表面に打ち粉(強力粉)をしてラップをかけ、室温で10分休ませる。

【 材料 】6個分
生地
ハード生地の基本材料(P4参照)
具材
カマンベールチーズ
　　　　　　　　30g(6等分に分ける)
【 その他 】
米粉……………………………適量
ペットカップ(直径7.5cm)………6枚
〈グラタン〉
玉ねぎ…………60g(粗みじん切り)
ベーコン(薄切り)……40g(細切り)
薄力粉……………………………10g

牛乳………………………………150g
生クリーム…………………………20g
塩……………………………………2g
バター(炒め用)……………………16g
【 下準備 】
グラタンを作る。
1 フライパンにバターを熱し、玉ねぎとベーコンを炒める。
2 玉ねぎがしんなりしたら薄力粉を加え、粉っぽさがなくなるまで炒める。
3 牛乳を少しずつ加えて混ぜながら加熱し、もったりとしてきたら生クリームを加えて混ぜる。
4 塩で味をととのえる。

STEP 3 成形

台に打ち粉(強力粉)をふって、生地をとじ目を上にして置き、手で直径12cmくらいに広げ、チーズをのせる。

チーズの上に、さましたグラタンを1/6量ずつのせる。

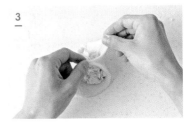

左右の生地を引っ張って合わせ、間の生地を中心に集めていってチーズとグラタンを包む。

最後はしっかりととじる。

とじ目を下にしてペットカップに入れたら茶こしで米粉をふり、天板に並べる。

STEP 4 最終発酵 🌡40℃ ⏱30〜40分

発酵後の状態

ラップをかけて最終発酵させる。オーブンの発酵機能を利用し、ひと回り大きくなればOK。発酵終了後、生地を取り出し、オーブンの予熱を開始する。

発酵後、キッチンバサミの先で十字に切り込みを入れる。具材が見えるくらいの深さが目安。

STEP 5 焼成 🌡230℃ ⏱22〜25分

生地はオーブンの下段に入れて焼く。焼き上がったら網にのせてさまし、お好みでドライパセリをふる。

見た目によりこだわりたい方は、仕上げにのせる塩をプレッツェルソルトにするとフォトジェニックに仕上がります。

Salted butter coupe

塩バタークッペ

- MOVIE -

【 材料 】6個分
生地
ハード生地の基本材料(P4参照)

【 その他 】
バター………… 24g(長さ5cm×6個)
岩塩……………………………………適量
米粉……………………………………適量

STEP 2 分割 & ベンチタイム ⏱10分

生地を6分割し(P9参照)、とじ目を下にして置き、表面に打ち粉(強力粉)をしてラップをかけ、室温で10分休ませる。

STEP 3 成形

生地をとじ目を上にして置き、手で直径10cmくらいに広げ、左右の端を手前から折り返す。

生地を少し内側に引き締めながら、手前から向こう側に巻いていく。

巻き終わりをつまんでとじ、とじ目を下にして置く。

左右端をギュッと押し込み、角を丸くする。茶こしで米粉をふり、クッキングシートを敷いた天板につまんだところを下にして並べる。

STEP 4 最終発酵 🌡40℃ ⏱20〜30分

発酵後の状態

ラップをかけて最終発酵させる。オーブンの発酵機能を利用し、ひと回り大きくなればOK。発酵終了後、生地を取り出し、オーブンの下段に天板を1枚入れ、予熱を開始する。スチーム用の熱湯を200ml用意しておく。

予熱終了後、縦に1本5mm深さの切り込み(クープ)を入れる(クープの入れ方はP9参照)。バターを挟み、岩塩(またはプレッツェルソルト)をのせる。

STEP 5 焼成 🌡230℃ ⏱18〜22分(スチーム)

オーブンの下段の天板に200mlの熱湯を入れる(スチームの入れ方はP9参照)。生地はオーブンの上段に入れて焼く。

生地を平たく成形して高温＆短時間で焼くことで中が空洞に。焼き上がったら切り込みを入れて、サンドイッチのようにお好みの具材を挟んで食べるのがおすすめです。

Pita bread

ピタパン

STEP 2 分割＆ベンチタイム ⏱10分

生地を4分割し（P9参照）、とじ目を下にして置き、表面に打ち粉（強力粉）をしてラップをかけ、室温で10分休ませる。

【 材料 】4個分
生地
ハード生地の基本材料(P4参照)

STEP 3 成形

1
生地を、とじ目を上にして置き、手のひらで平らにする。

2
めん棒で直径16〜18cmくらいに広げ、クッキングシートを敷いた天板に並べる。

STEP 4 最終発酵 🌡室温 ⏱10分

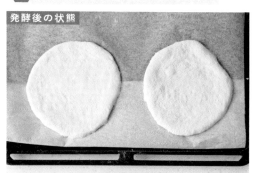

発酵後の状態

オーブンの予熱を開始してから、ラップをかけて最終発酵させる。室温に置き、生地のハリがなくなったらOK。

STEP 5 焼成 🌡250℃ ⏱10分

オーブンの下段に入れて焼く。焼き上がったら網にのせてさます。

71

薄く広げた生地とスライスチーズを何層にも重ねてクロワッサン風に成形。他ではあまり見ない形と食感の、この本オリジナルのパンです。

STEP 2 分割 & ベンチタイム 🕐 10分

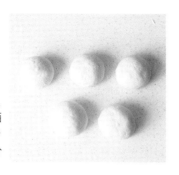

生地を5分割し(P9参照)、とじ目を下にして置き、表面に打ち粉(強力粉)をしてラップをかけ、室温で10分休ませる。

【 材料 】8個分
生地
ハード生地の基本材料(P4参照)
具材
スライスチーズ ‥‥‥‥‥‥‥‥‥‥8枚
【 その他 】
つや出し用／溶き卵 ‥‥‥‥‥‥ 適量

STEP 3 成形

1

12cm

台に打ち粉(強力粉)をふって、生地をとじ目を上にして置き、手で直径12cmくらいに広げる。チーズを中心に1枚、もう1枚は4等分に切り、四辺にのせる。

2

手で直径12cmくらいに広げた生地を、1の上にのせる。1と同様にして上にチーズをのせる。同じことを繰り返して生地とチーズをすべて重ねていく。

3

めん棒で、直径22cmくらいに広げる。初めはめん棒をギュッギュッと押しつけるようにして生地をのばし、やわらかくなってきたらめん棒を転がしながら広げる。

4

カードで8等分の放射状に切り分ける。

5

めん棒で28cmくらいの長さにのばす。先端を引っ張りながらのばすと、仕上がりがきれいに。

6

手前から生地をカードで台からはがしながらくるくると巻く。巻き終わりを下にしてクッキングシートを敷いた天板に並べる。

STEP 4 最終発酵 🌡40℃ 🕐 30～40分

発酵後の状態

ラップをかけて最終発酵させる。オーブンの発酵機能を利用し、ひと回り大きくなればOK。発酵終了後、生地を取り出し、オーブンの予熱を開始する。

発酵後、焼く直前に溶き卵をハケでぬる。

STEP 5 焼成 🌡220℃ 🕐 15～18分

オーブンの下段に入れて焼く。焼き上がったら網にのせてさます。

ハードチョコチップリング

72

生地にココアパウダーを混ぜ込み、ざくっと
焼いた、ビターな味わいのハードパン。歯ご
たえも味わいも大人な雰囲気が満載です。

STEP 2 分割 & ベンチタイム ⏱10分

生地を3分割し(P8参照)、とじ目を下にして置き、表面に打ち粉(強力粉)をしてラップをかけ、室温で10分休ませる。

【材料】3個分
生地
ハード生地の基本材料(P4参照)
　*水の量を150gに変更
　*ココアパウダー10gを粉類に加える

具材
チョコチップ................................90g

STEP 3 成形

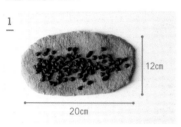

1

台に打ち粉(強力粉)をふって、生地をとじ目を上にして置き、めん棒で20×12cmくらいに広げ、チョコチップをのせる。

20cm　12cm

2

具材を包み込むように手前から中心に向かって1回巻き、巻いた部分を持ちながら端までくるくると巻いていく。

3

巻き終わりを指でつまんでとじたら、手で転がして、太さを整えながら24cmくらいの長さにのばす。

24cm

4

片端を2cmほど開く。

5

開いた中にもう片方の端を重ね、広げた端で包み込むようにしてとじる。とじたところを下にしてクッキングシートを敷いた天板に並べる。

STEP 4 最終発酵 🌡40℃ ⏱30～40分

発酵後の状態

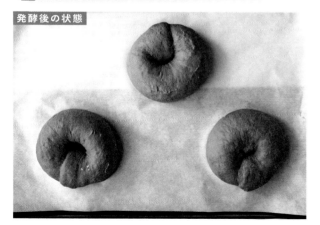

ラップをかけて最終発酵させる。オーブンの発酵機能を利用し、ひと回り大きくなればOK。発酵終了後、生地を取り出し、オーブンの予熱を開始する。

発酵終了後、キッチンバサミで周囲8か所に2～3cmの切り込みを入れる。

STEP 5 焼成 🌡220℃ ⏱18～20分

オーブンの下段に入れて焼く。焼き上がったら網にのせてさます。

黒ごま
スイートポテトパン

~MOVIE~

73

生地にたっぷりまぶした香ばしい黒ご
まと、クープ（切れ目）から覗いた焼き
いもが食欲をそそります。食事はもちろ
ん、おやつパンとしても。

STEP ② 分割 & ベンチタイム ⏱10分

生地を4分割し(P9参照)、とじ目を下にして置き、表面に打ち粉(強力粉)をしてラップをかけ、室温で10分休ませる。

【材料】4個分
生地
ハード生地の基本材料(P4参照)
具材
焼きいも………200g(1cm角に切る)
【その他】
黒いりごま …………………………適量

STEP ③ 成形

1

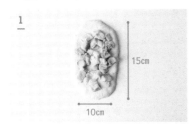

15cm
10cm

台に打ち粉(強力粉)をふって、生地をとじ目を上にして置き、めん棒で10×15cmくらいに広げ、焼きいもを50gずつのせる。

2

生地を奥の方から1/4くらいの位置まで折り、芯を作る。芯から手前に向かってくるくると巻いていく。

3

巻き終わりは指でつまんでとじる。

4

両端を小指の側面で転がし、細長くする。さつまいもの形を意識すると◎。

5

霧吹きで全体に水を吹きかける。

6

黒ごまを入れたバットに生地を入れて転がし、黒ごまをまとわせる。クッキングシートを敷いた天板にとじ目を下にして並べる。

STEP ④ 最終発酵 🌡40℃ ⏱30〜40分

発酵後の状態

ラップをかけて最終発酵させる。オーブンの発酵機能を利用し、ひと回り大きくなればOK。発酵終了後、生地を取り出し、オーブンの下段に天板を1枚入れ、予熱を開始する。スチーム用の熱湯を200mℓ用意しておく。

予熱終了後、斜めに2本切り込み(クープ)を入れる(クープの入れ方はP9参照)。いもが見えるくらいの深さが目安。

STEP ⑤ 焼成 🌡230℃ ⏱22〜25分(スチーム)

オーブンの下段の天板に200mℓの熱湯を入れる(スチームの入れ方はP9参照)。生地はオーブンの上段に入れて焼く。

ほんのり甘いクランベリーと
さくっとしたくるみの食感、
そして優しいクリームチーズ
の風味が合わさった、ころん
としたかわいいパンです。

Cranberry cheese bread

クランベリー チーズパン

・MOVIE・

【材料】3個分
生地
ハード生地の基本材料（P4参照）
具材
ドライクランベリー
　　　……………………30g（湯通しして
　　　水気を拭き取る）

A {
くるみ………………………30g
（熱湯で3分ゆで、水気を拭き
取り、粗く砕く）
クリームチーズ
　　　……………………30g（1cm角に切る）
}

【その他】
米粉………………………………適量

STEP 2 分割 & ベンチタイム ⏱10分

クランベリーを生地に混ぜ込んでから（混ぜ込みの仕方はP11参照）、生地を3分割する（P8参照）。とじ目を下にして置き、表面に打ち粉（強力粉）をしてラップをかけ、室温で10分休ませる。

STEP 3 成形

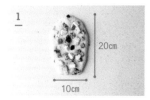
1

生地をとじ目を上にして置き、めん棒で10×20cmくらいに広げ、**A**を各10gずつのせる。

2

生地を奥の方から1/4くらいの位置まで折り、芯を作り、そのままくるくると巻く。

巻き終わりはつまんでとじ、とじ目を下にして置き、茶こしで米粉をふる。クッキングシートを敷いた天板に並べる。生地の表面にとび出しているクランベリーは生地の中にしまって焼くと焦げない。

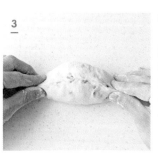
3

STEP 4 最終発酵 🌡40℃ ⏱30〜40分

発酵後の状態

ラップをかけて最終発酵させる。オーブンの発酵機能を利用し、ひと回り大きくなればOK。発酵終了後、生地を取り出し、オーブンの予熱を開始する。

予熱終了後、斜めに3〜4本、5mm深さの切り込み（クープ）を入れる（クープの入れ方はP9参照）。

STEP 5 焼成 🌡240℃ ⏱18〜20分

オーブンの下段に入れて焼く。焼き上がったら網にのせてさます。

ふんわり生地で作る

デニッシュ

ふんわり生地にバターを折り込んだリッチな味わいのパンです。
バターの折り込みも動画つきで詳しく解説しているので、チャレンジしてみて。
基本の材料はP4、生地の作り方はP5、
バターの折り込みの仕方はP98を参照してください。

バターの折り込みの仕方

デニッシュ生地は、ふんわり生地にバターを折り込んでから成形に入ります。
ここでは、バターの折り込みの仕方を紹介します。

・MOVIE・

【 用意するもの 】
ふんわり生地
　＊復温しない（冷たい状態で！）
バター（食塩不使用）………100g
　＊冷蔵庫から出した冷えた状態

▶ シートバターを作る

1 クッキングシートを 30×30cmに切り、中心が12cm四方になるように折り目をつけたら、中央に冷蔵庫から出したバターをのせる。

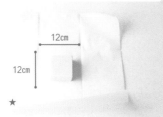

2 クッキングシートを折ってバターにかぶせ、上から体重をかけて斜めにめん棒を押し当て厚みを半分くらいにする。

折る

3 めん棒のあとで「×」ができるように、角度を変えてめん棒を押し当てる。さらにつぶれていない所をめん棒を押し当ててつぶす。このとき、中央の四角い線からバターがはみ出してしまったら、はみ出した部分をカードで内側に戻す。

4 クッキングシートを上下180°回転させ、右側の折り目を折る。

5 折り目が重なったところに向かってめん棒を転がし、クッキングシートの角までバターをのばす。

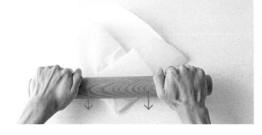

6 もう1か所クッキングシートを折り返し、同じようにクッキングシートの角までバターをのばす。残りの1か所も折り返し、同じように角までのばす。

シートバターの
完成！

▶ 生地にシートバターを折り込む

1 生地をめん棒で12× 24㎝くらいにのばし、中央にシートバターをのせる。このとき、クッキングシートの上から生地に押さえつけると、きれいにはがれる。

24cm
12cm

2 手前の生地を、角を揃えながらバターの中央のところまで折り返す。奥の生地も折り返し、手前の生地に1㎝くらい重なるようにする。左右の合わせ目はつまんでとじる。

1cm

3 一旦生地を台からはがし、打ち粉（強力粉）をまぶす。生地を90度回転させ、めん棒を上から押しつけるようにして生地とバターをなじませる。厚みが半分、長さが倍くらいになるまでが目安。

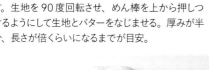

4 生地に打ち粉をまぶし、めん棒を中央から上、中央から下、というふうに一方向に転がしてのばす。

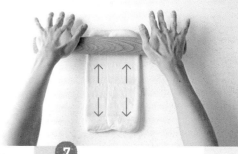

5 長さ40㎝くらいまでのばす。バターが折り込まれていない上下1〜2㎝はカードでカットする。

1〜2cm

6 手前の生地を3㎝くらい折り返し、奥の生地を手前の生地の端に突き合わせるように折る。

突き合わせる

3cm

7 奥の生地を手前に折り返す。

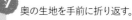

8 生地を90度回転させ、厚みが半分、長さが倍くらいになるまでめん棒を上から押し付ける。

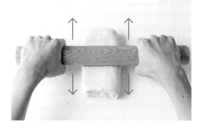

9 めん棒を中央から上、中央から下、というふうに一方向に転がして長さ36㎝くらいまでのばす。バターが折り込まれていない上下5㎜〜1㎝はカードでカットする。

36cm

10 三つ折りにしたら、バターの折り込みが完了！ バットなどに入れてラップをかけ、冷蔵庫で45分以上休ませてからそれぞれのレシピの成形の手順に入る。

折り込みの Point

● 生地をのばすときに、のびにくい場合は**冷蔵庫で15分ほど休ませてから**作業する。

● **シートバターを作る際や折り込む際には、バターが溶けないように注意！**
作業に時間がかかってバターが溶けてしまうようなら、途中、冷蔵庫でひやしながら作業しましょう。

Croissant & Bean paste croissant

クロワッサン／
あんクロワッサン

~ MOVIE ~

サクサクとした食感の定番
のクロワッサン。バターを
折り込んで焼き上げたデニ
ッシュ生地をシンプルに楽
しむなら、まずは試してほ
しいレシピです。

75

クロワッサンであんこを巻
いて焼き上げた甘いパン。
朝食はもちろん、おやつに
もぴったりです。バターとあ
んこの相性は抜群です。

76

【 下準備 】

冷蔵庫で休ませたあとの生地にバターを折り込んで冷蔵庫で45分以上休ませておく。折り込みの仕方は、P98参照。

あんクロワッサンのあんこは、24gずつに分けておく。

【 材料 】5 個分

クロワッサン

生地
ふんわり生地の基本材料(P4参照)

折り込み用のバター(食塩不使用)
.... 100g

あんクロワッサン

生地
ふんわり生地の基本材料(P4参照)

折り込み用のバター(食塩不使用)
.... 100g

具材
あんこ 120g

トッピング
黒いりごま .... 適量

【 その他／共通 】
つや出し用／溶き卵 .... 適量

ˢᵀᴱᴾ **2** 成形

1

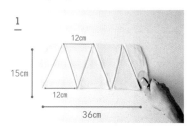

休ませた生地をめん棒で36×15cmくらいにのばす。横3等分のところに印をつけ、二等辺三角形に切り分ける。

2

切り分けた生地を、めん棒で24cmくらいの長さにのばす。よりきれいに層を出したい場合は、のばしたあとに三角形の底辺を5mmほど切り落とすとよい。

3

底辺の中央にカードで1cmくらいの切り込みを入れて外側に向けて折り返し、芯を作る。あんクロワッサンは、このときに切り込みを入れてから細長くしたあんこをのせて同じように生地を折り返して芯を作る。

あんクロワッサンの場合

4

手前から向こう側に中心がずれないように少しゆるめにくるくると巻いていく。クッキングシートを敷いた天板に巻き終わりを下に並べる(あんこは生地の両端に少しはみ出るくらいを意識して巻くと、きれいに仕上がる)。

あんクロワッサンの場合

ˢᵀᴱᴾ **3** 最終発酵 🌡28℃ ⏱50〜60 分

発酵後の状態

ラップをかけて最終発酵させる。オーブンの発酵機能を利用するか室温で、ひと回り大きくなればOK。発酵温度が30℃を超えると、バターが溶けてしまうので注意！ 発酵終了後、生地を取り出し、オーブンの予熱を開始する。

焼く直前に溶き卵をハケでぬり、あんクロワッサンは黒ごまをふる。

ˢᵀᴱᴾ **4** 焼成 🌡210℃ ⏱13〜15 分

オーブンの下段に入れて焼く。焼き上がったら網にのせてさます。

生地をパイのように成形して焼いたのがデニッシュペストリーです。このレシピではカスタードクリームと果物などの甘い具材をトッピングしました。果物はお好みのものでOK！

【 下準備 】

1 冷蔵庫で休ませたあとの生地にバターを折り込んで冷蔵庫で45分以上休ませておく。折り込みの仕方は、P98参照。

2 カスタードクリームを作る。材料と作り方はP12参照。

3 りんごのコンポートを作る。鍋にりんご、砂糖、レモン果汁を入れて、りんごがしんなりして表面が透明になるまで煮込む。

【 材料 】6 個分

生地
ふんわり生地の基本材料(P4 参照)
折り込み用のバター(食塩不使用)
………………………… 100g

具材
カスタードクリーム ………… 120g
(P12 の材料の半量で作ると余りが出にくい)

トッピング
お好みのフルーツ (マンゴー、いちご、ブルーベリー)…… 適量

〈アップルデニッシュのりんごのコンポート〉
りんご ……… 1 個(2〜3cm角に切る)
砂糖 …………………………… 60g
レモン果汁 …………………… 10g

【 その他 】
つや出し用／溶き卵 …………… 適量
セルクル型(直径 10cm)
アルミカップ(直径 5.7cm)

STEP 2 成形

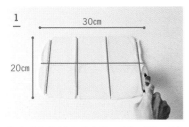

休ませた生地をめん棒で30×20cmくらいにのばし、6 等分(10cm角)に切り分ける(よりきれいに層を出したい場合は、四辺を 5mmほど切り落とすとよい)。

‖ 丸形の場合 ‖
1 セルクル型で丸く型を抜く。
2 アルミカップに入れて、カップのふちに生地を沿わせる。

‖ 四角の場合 ‖
生地の 4 つの角を中心に向けて折りたたむ。中央の合わせ目は、指先で押してとじる。

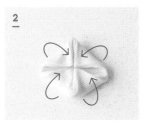

‖ 風車の場合 ‖
1 生地の 4 つの角に対角線上の1/3くらいの位置まで切り込みを入れる。
2 切り込みを入れた生地を1 か所ずつ飛ばしながら中央に向かって折りたたむ。中央の合わせ目は、指先で押してとじる。

‖ ダイヤの場合 ‖
1 対角線上の 2 つの角を残し、写真のように切り込みを入れる。
2 切り込みが入った方の生地の角を対角線上に向かって折りたたむ(同じ印どうしを合わせる)。

STEP 3 最終発酵 🌡28℃ ⏱40〜50 分

発酵後の状態

クッキングシートを敷いた天板に並べ、ラップをかけて最終発酵させる。オーブンの発酵機能を利用するか室温で、ひと回り大きくなればOK。発酵温度が30℃を超えると、バターが溶けてしまうので注意！発酵終了後、生地を取り出し、オーブンの予熱を開始する。

焼く直前に溶き卵をハケでぬり、カスタードクリームを20gずつのせる。アップルデニッシュのりんごのコンポートはこのときのせる。

STEP 4 焼成 🌡210℃ ⏱13〜15 分

オーブンの下段に入れて焼く。焼き上がったら網にのせてさまし、お好みのフルーツをのせ、粉糖(分量外)を茶こしでふりかけトッピングをする。

Pain aux raisins

パン・オ・レザン

~MOVIE~

パン・オ・レザンとは、フランス語で「レーズン入りのパン」のこと。くるくるした見た目から「エスカルゴ」と呼ばれることもあります。

【 下準備 】

1 冷蔵庫で休ませたあとの生地にバターを折り込んで冷蔵庫で45分以上休ませておく。折り込みの仕方は、P98参照。

2 カスタードクリームを作る。作り方はP12参照。

3 レーズンは湯通しして、水気を拭き取っておく。

【 材料 】6個分

生地
ふんわり生地の基本材料(P4参照)
折り込み用のバター(食塩不使用)
....100g

具材
レーズン 60g
カスタードクリーム.............. 120g
(P12の材料の半量で作ると余りが出にくい)

【 その他 】

あんずジャム.......................... 適量
つや出し用／溶き卵 .... 適量
ペットカップ(直径9cm)........... 6枚

STEP 2 成形

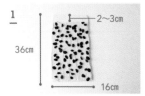

1
休ませた生地をめん棒で16×36cmくらいにのばし、四辺を5mmほど切り落とす。上から2〜3cmを残してカスタードをぬり広げ、レーズンをのせる。

2
手前を少し折って芯にし、向こう側にくるくると巻いていく。巻き終わりはつまんでとじる。

3
包丁で6等分の輪切りにする。

4
ペットカップに生地を入れ、手のひらで半分くらいの厚さにつぶし、天板に並べる。

STEP 3 最終発酵 🌡28℃ ⏱40〜50分

発酵後の状態

ラップをかけて最終発酵させる。オーブンの発酵機能を利用するか室温で、ひと回り大きくなればOK。発酵温度が30℃を超えると、バターが溶けてしまうので注意! 発酵終了後、生地を取り出し、オーブンの予熱を開始する。焼く直前に溶き卵をハケでぬる。

STEP 4 焼成 🌡210℃ ⏱14〜16分

オーブンの下段に入れて焼く。焼き上がったらあんずジャムをぬり、網にのせてさます。

チョコレートを巻いて作る折り込みのパンをパン・オ・ショコラといいます。パン屋さんでも定番のパンです。この本ではバトンショコラを使ったレシピをご紹介します。

Pain au chocolat
パン・オ・ショコラ

MOVIE

82

【下準備】
冷蔵庫で休ませたあとの生地にバターを折り込んで冷蔵庫で45分以上休ませておく。折り込みの仕方は、P98参照。

【材料】6個分
生地
ふんわり生地の基本材料(P4参照)
折り込み用のバター(食塩不使用)
………………………………… 100g

具材
バトンショコラまたは細く切った板チョコ(約8×1cm) ………… 12本
【その他】
つや出し用／溶き卵 …………… 適量
アーモンドスライス …………… 適量

STEP 2 成形

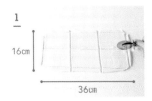

休ませた生地をめん棒で36×16cmくらいにのばし、四辺を5mmほど切り落とす。縦2等分×横3等分に切り分ける。

バトンショコラを写真の位置にのせる。

左側の生地をショコラが隠れるところまで折りたたみ、その横にバトンショコラをもう1本置く。

右側も同じように3の生地の上まで折りたたみ、たたんだ方を下にしてクッキングシートを敷いた天板に並べる。

STEP 3 最終発酵 🌡28℃ ⏱50〜60分

発酵後の状態

ラップをかけて最終発酵させる。オーブンの発酵機能を利用するか室温で、ひと回り大きくなればOK。発酵温度が30℃を超えると、バターが溶けてしまうので注意！発酵終了後、生地を取り出し、オーブンの予熱を開始する。

焼く直前に溶き卵をハケでぬり、アーモンドスライスをのせる。

STEP 4 焼成 🌡210℃ ⏱13〜15分

オーブンの下段に入れて焼く。焼き上がったら網にのせてさます。

みつあみデニッシュ

83

デニッシュ生地を三つ編みにすると、クロ
ワッサンとはまた異なる見た目と食感を楽
しめます。グラニュー糖をかけて甘く仕上
げました。

【 下準備 】
冷蔵庫で休ませたあとの生地にバターを折り込んで冷蔵庫で45分以上休ませておく。折り込みの仕方は、P98 参照。

【 材料 】4 個分
生地
ふんわり生地の基本材料(P4 参照)
折り込み用のバター(食塩不使用)
　　　　　　　　　　　　　　 100g

【 その他 】
つや出し用／溶き卵 ……………… 適量
グラニュー糖 ……………………… 適量

STEP ② 成形

1
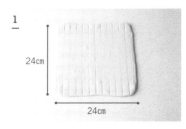

休ませた生地をめん棒で24×24cmくらいにのばし、12本の細長い生地ができるように、2cm間隔に筋をつける。

2
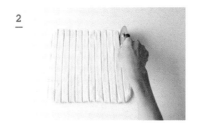

筋に沿ってロールカッターかナイフで切り分ける。よりきれいに層を出したい場合は、生地の短い辺を5mmほど切り落とす。

3
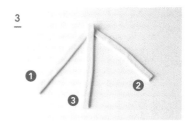

生地の先端を❶〜❸の順に重ね、端を指で押してくっつける。

4

❶の生地を❷と❸の生地の間にクロスさせる。

5
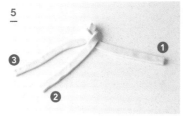

❷の生地を❸と❶の生地の間にクロスさせる。

6

同じように繰り返して三つ編みをして、編み終わりは指で押してくっつける。クッキングシートを敷いた天板に並べる。

STEP ③ 最終発酵 🔥 28℃ ⏱ 40〜50 分

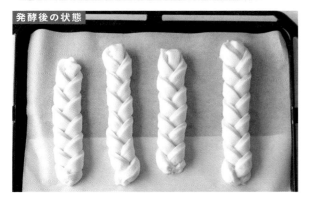

発酵後の状態

ラップをかけて最終発酵させる。オーブンの発酵機能を利用するか室温で、ひと回り大きくなればOK。発酵温度が30℃を超えると、バターが溶けてしまうので注意！　発酵終了後、生地を取り出し、オーブンの予熱を開始する。

焼く直前に溶き卵をハケでぬり、グラニュー糖をふりかける。

STEP ④ 焼成 🌡 210℃ ⏱ 13〜15 分

オーブンの下段に入れて焼く。焼き上がったら網にのせてさます。

Croissant rolls ========

クロワッサンロール

*84*_ チョコ　*85*_ いちご　*86*_ ホワイト

MOVIE

84

85

86

パン界でトレンドになったクロワッサンロール。実はおうちでも作ることができるんです。チョコをコーティングして、カラフルに仕上げるのがおすすめです。

【 下準備 】

1 冷蔵庫で休ませたあとの生地にバターを折り込んで冷蔵庫で45分以上休ませておく。折り込みの仕方は、P98参照。

2 カスタードクリームを作る。材料と作り方はP12参照。

3 ホイップクリームはグラニュー糖を加え8〜9分立てまで泡立て、カスタードクリームと合わせる。

【 材料 】6個分

生地
ふんわり生地の基本材料(P4参照)
折り込み用のバター(食塩不使用)
　　　　　　　　　　　　　　100g

具材
ホイップクリーム(植物性)………60g
グラニュー糖……………………15g
カスタードクリーム………………60g
(P12の材料の半量で作るのがおすすめ)

トッピング
コーティング用のチョコレート
（チョコ、いちご、ホワイト）
　　　　　　　　　　　　　　適量
オレオ、ドライいちご、ピスタチオ、
ローストマカデミア …………適量

【 その他 】
イングリッシュマフィン型またはセルクル型(直径9×高さ3cm×6個)
絞り袋

STEP 2 成形

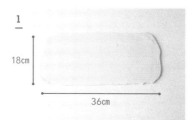

1

休ませた生地をめん棒で36×18cmくらいにのばし、6本の細長い生地ができるように、横に3cm間隔に筋をつける。

2

筋に沿ってロールカッターかナイフで切り分ける。

3

生地を端からくるくると巻く。

4

巻いた生地を型に入れる。

型がない場合

牛乳パックの側面を1面ずつ切って、さらに縦半分に切る。2本をホチキスでとめ、長さ30cmにする。牛乳パックの幅の2倍のクッキングシートを二つ折りにして、間に牛乳パックを挟んだら、直径9cmの輪にしてホチキスでとめる。

STEP 3 最終発酵 🌡28℃ ⏱60〜70分

発酵後の状態

ラップをかけて最終発酵させる。オーブンの発酵機能を利用するか室温で、型の7〜8割くらいまで大きくなればOK。発酵温度が30℃を超えると、バターが溶けてしまうので注意！　発酵終了後、生地を取り出し、オーブンの予熱を開始する。

STEP 4 焼成 🌡210℃ ⏱13〜15分

型に天板やオーブンOKのバットなどをのせて重しにする。オーブンの下段に入れて焼く。焼き上がったら網にのせてさます。

さめたらナイフで絞り袋の口が入るくらいの切り込みを入れ、下準備しておいたクリームを詰める。

切り込みのところに、溶かしたチョコレートでコーティングしてお好みのトッピングをする。

バターをたっぷり折り込んだデニッシュ生地は、クリーミーなきのこグラタンと一緒に食べても止まらないおいしさ！ちょっとゴージャスなお総菜パンです。

Mushroom gratin danish bread
きのこグラタン デニッシュ

87

【 材料 】6 個分
生地
ふんわり生地の基本材料(P4 参照)
折り込み用のバター(食塩不使用)
……………………………… 100g
〈具材のグラタン〉
ベーコン(薄切り)
……………… 40g(1cm四方に切る)
玉ねぎ………………………30g(薄切り)
しめじ ………… 60g(小房に分ける)
薄力粉………………………………10g
牛乳…………………………………150mℓ
生クリーム……………………………20g
塩…………………………………………2g

【 その他 】
つや出し用／溶き卵 ……………… 適量
カマンベールチーズ ……………… 30g
アルミカップ(直径 7.5cm)………6枚

下準備 2

【 下準備 】
冷蔵庫で休ませたあとの生地にバターを折り込んで冷蔵庫で45分以上休ませておく。折り込みの仕方は、P98 参照。

グラタンを作る
1 フライパンにサラダ油適量(分量外)を熱し、ベーコン、玉ねぎ、しめじを炒める。
2 しんなりとしてきたら火を止め、薄力粉を加え、粉っぽさがなくなるまで混ぜる。牛乳を1/3量入れて、火にかける。混ざったら火を止め、再び1/3量の牛乳を加え、同じように繰り返し、フライパンの底が見えるくらいとろみがつくまで加熱する。
3 火を止めて生クリームを加え、ひと煮立ちしたら塩で味をととのえる。

STEP 2 成形

1/ 30cm 20cm

休ませた生地をめん棒で30×20cmくらいにのばし、6 等分(10cm角)に切り分ける。

2/

切り分けた生地をアルミカップに入れ、天板に並べる。

STEP 3 最終発酵 🌡28℃ ⏱40〜50 分

発酵後の状態

ラップをかけて最終発酵させる。オーブンの発酵機能を利用するか室温で、ひと回り大きくなればOK。発酵温度が30℃を超えると、バターが溶けてしまうので注意！発酵終了後、生地を取り出し、オーブンの予熱を開始する。

発酵後、生地に溶き卵をハケでぬり、6 等分にしたグラタンとカマンベールチーズをのせる。

STEP 4 焼成 🌡210℃ ⏱14〜16 分

オーブンの下段に入れて焼く。焼き上がったら網にのせてさます。お好みでドライパセリ(分量外)をふる。

デニッシュであまりがちな生地の端もおいしく食べられるレシピです。サクッとした生地とカリッとしたくるみが香ばしい一品です。

Croquants
クロッカン

88

【 材料 】

デニッシュを成形するときに切り落としたあまりの生地
.... 適量

くるみ...................... お好みで適量
グラニュー糖..................... 適量

STEP **2** 成形

1
生地を1cm角にカードなどで切る。

2
1をアルミカップなどに入れる。8分目くらいまで入れるのが目安。お好みでくるみを砕いて入れる。

STEP **3** 最終発酵　🌡28℃　⏱40〜50分

発酵後の状態

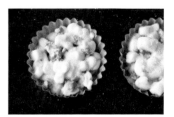

ラップをかけて最終発酵させる。オーブンの発酵機能を利用するか室温で、ひと回り大きくなればOK。発酵温度が30℃を超えると、バターが溶けてしまうので注意！　発酵終了後、生地を取り出し、オーブンの予熱を開始する。

発酵後、グラニュー糖をふりかける。

STEP **4** 焼成　🌡210℃　⏱14〜16分

オーブンの下段に入れて焼く。焼き上がったら網にのせてさます。

完全感覚ベイカー

おうちパン研究家／パンとお菓子の教室「ベイカーラボ」主宰。
大学で発酵食品学を専攻。飲食店勤務、料理教室の講師を経て、2018年、誰でも失敗なく作れるパンとケーキをテーマにYouTubeをスタート。理論的でわかりやすい解説に定評がある。また運営するパン教室の予約は数秒で満席になる人気ぶりで、国内のみならず海外からの受講生も多い。著書に『はじめてでもコツがわかるから失敗しない　パン作りが楽しくなる本』『製法を使いこなして、何回でも焼きたくなる　おうちパンがもっと美味しくなる本』(ともに小社刊)がある。

▶ YouTube @pandukuri
◉ Instagram @k.k.baker

こねない本格パンレシピ!
おうちでお店みたいなパンがかんたんに作れる本
総菜パン、甘いパンからハードパンまで88レシピ

2024年3月28日　初版発行
2024年7月15日　3版発行

著　完全感覚ベイカー
発行者　山下 直久

発行／株式会社KADOKAWA
〒102-8177　東京都千代田区富士見2-13-3
電話番号 0570-002-301(ナビダイヤル)

印刷所／TOPPAN株式会社
製本所／TOPPAN株式会社

《 お問い合わせ 》
https://www.kadokawa.co.jp/ (「お問い合わせ」へお進みください)
※内容によっては、お答えできない場合があります。
※サポートは日本国内のみとさせていただきます。
※Japanese text only

定価はカバーに表示してあります。

©Kanzenkankakubaker 2024 Printed in Japan
ISBN 978-4-04-606766-1 C0077